POLÍTICA
Y RELIGIÓN

PARA ESTE NUEVO SIGLO

PARTICIPACIÓN CÍVICA
DE LOS CREYENTES

PARTICIPACIÓN CÍVICA de los CREYENTES

FERNANDO RUIZ DE LA ROSA

CARIBE-BETANIA
Una División de Thomas Nelson Publishers
The Spanish Division of Thomas Nelson Publishers
Since 1798 — desde 1798
www.caribebetania.com

Caribe-Betania Editores es un sello de Editorial Caribe, Inc.

© **2005 Editorial Caribe, Inc.**
Una división de Thomas Nelson, Inc.
Nashville, TN, E.U.A.
www.caribebetania.com

A menos que se señale lo contrario, todas las citas
bíblicas son tomadas de la Versión Reina-Valera 1960
© 1960 Sociedades Bíblicas Unidas en América Latina.
Usadas con permiso.

ISBN: 978-0-88113-885-6   ISBN: 0-88113-885-1

Tipografía: Jirah Typesetting

Impreso en E.U.A.
Printed in the U.S.A.

A mi amada familia:
Ofe, Samuel e Isaac, quienes constituyen
para mí la parte visible de la benevolencia
y el amor invisible de Dios.

CONTENIDO

Contenido

PRÓLOGO

Admiro el trabajo del Lic. Fernando Ruiz de la Rosa. Me impacta la carga que tiene no tan solo por los políticos que ya están en el poder, sino por levantar nuevos valores que sean de bendición para sus países. Es tiempo que el pueblo cristiano reconozca el privilegio que tenemos de ser parte del proceso político; es tiempo de empezar a involucrarnos y dejar que Dios use nuestra participación para traer justicia a las naciones. Creo que el trabajo que Fernando está desarrollando se hará sentir poderosamente dentro de muy poco tiempo. Este libro le ayudará a usted a saber cómo involucrarse en el emocionante campo de la política.

Marcos Witt,
Houston, Texas
Enero 2005

INTRODUCCIÓN

En estos tiempos cambiantes se puede percibir en el mundo espiritual un ambiente de gran expectación. Indudablemente vivimos momentos trascendentales. Hombres de Dios han anticipado una gloriosa visitación divina para los próximos años. En estos días estamos siendo testigos de un despertamiento que nos sugiere lo que será el más grande y espectacular de todos los avivamientos que ha experimentado la historia de la iglesia. Y Latinoamérica será, precisamente, pauta y factor determinante en las manos de Dios para este cumplimiento profético.

Somos una generación especial que vive en un tiempo muy especial. Nos ha tocado el privilegio de voltear la página de una década, de un siglo y de un milenio. Constituimos una histórica generación que ejecutará y cumplirá el también histórico plan que el Señor de antemano ha preparado para esta época.

En medio de esta esperanza, confrontamos una cruda realidad de corrupción generalizada en algunos sectores sociales y políticos. Muchos dirigentes latinoamericanos están tratando de gobernar a sus países no obstante que muestran pésimos resultados en el gobierno de sus familias y de sus propias vidas. No pueden dirigir a sus hijos y desde una quebradiza plataforma de desintegración familiar pretenden gobernar a toda una nación. Parafraseando la sentencia de Pablo en 1 Timoteo 3.5, se podría decir de ellos: «El que no sabe gobernar su casa, ¿cómo cuidará una comunidad mayor?»

Desde este entorno, no puede haber una esperanza real que favorezca a la sociedad civil pues a nadie le agradaría ser gobernado por alguien que ni siquiera tiene el control y cuidado de su propia familia.

Por otra parte, es injusto que hombres honorables y de buena conducta persistan en automarginarse de la actividad política sea de local, nacional o internacional por ser esta una esfera llena de podredumbre y corrupción.

¿Qué país les estaremos heredando a nuestros hijos si persistimos en esta actitud? ¿Seguiremos siendo testigos pasivos de una corrupción que es incontenible? ¿Permitiremos que entidades naturalmente antagónicas al cristianismo evangélico continúen ocupando curules y escaños y hasta el sillón presidencial, lo cual nos hace correr el riesgo de volver al cautiverio inquisitorial que vivimos en el pasado?

¿Persistiremos en nuestra indolencia y viendo, como simples espectadores, el alarmante crecimiento de la violencia, los bestiales secuestros, las horrendas consecuencias del narcotráfico y, en muchos casos, la complicidad policíaca que parece ya algo natural?

Ha llegado el momento de dejar de lado nuestros prejuicios y nuestra apatía cívica y adoptar una firme actitud participativa a fin de contribuir a la restauración moral de las entidades oficiales.

Gracias a Dios, en algunos países de Latinoamérica se viene produciendo un fenómeno providencial donde personas públicas, artistas, deportistas y políticos de todo nivel han sido alcanzados por la fe cristiana, han rendido sus vidas a Cristo y su testimonio ha desatado la motivación y la fe de muchos.

Como el viento sacude a la higuera, así el Espíritu Santo está sacudiendo a la iglesia y, a través de ella, a la sociedad civil. El fenómeno de conversión de políticos al cristianismo y de algunos líderes cristianos dedicándose a este oficio está llamado a convertirse en una sorprendente cohesión que habrá de repercutir positivamente en un mundo que clama con vehemencia por una forma de vida libre de violencia, de drogas, de desfalcos, malversaciones, incertidumbres, intrigas y depravación.

El objetivo de este libro es tratar de hacer conciencia en el lector acerca de la gran responsabilidad cívica y social que enfrenta el cristianismo contemporáneo. Es necesario pasar de la inercia religiosa a una real aportación espiritual, moral y cultural en una sociedad herida y desorientada.

«Al que sabe hacer lo bueno, y no lo hace, le es pecado» (Santiago 4.17).

FERNANDO RUIZ DE LA ROSA

1

Visión política de hombres bíblicos

¿Qué, pues, diremos de la participación de creyentes en los medios y las funciones políticas? ¿Será escasa la información bíblica sobre este aspecto tan esencial? ¿Escondería Dios la dirección normativa que pudiera dar línea clara y segura a sus discípulos sobre esta materia?

La cultura moderna y el humanismo han separado lo secular de lo espiritual y, por ende, han puesto un candado al creyente para impedirle incursionar en la esfera secular.

Satanás ha usurpado y distorsionado todo lo secular

Debemos saber discernir el sentimiento de Dios quien está preparando a un pueblo de reyes (política) y sacerdotes (religión) cuyos propósitos no solo serán cúlticos, sino de administración de justicia y gobierno civil.

Al escudriñar la Escritura descubrimos que a quienes Dios más usó en el desarrollo de la humanidad fueron a dirigentes civiles y no a sacerdotes. Esos gobernantes de Dios establecieron sólidos fundamentos y cambiaron el mundo.

Por supuesto que, como institución, la iglesia debe mantenerse al margen de toda ingerencia en los asuntos políticos de la nación a fin de preservar y respetar la laicidad del estado latinoamericano.

Los primeros cinco libros de la Biblia hablan más del gobierno civil que de cualquier otra cosa. Y ha sido en este gran conjunto de leyes y normas jurídicas que se ha inspirado el Derecho moderno.

Todas estas leyes hablan de las tres grandes instituciones que el Señor estableció en la tierra: Familia, Sociedad civil y Estado (gobierno). Nosotros y la cultura moderna, así como el falso puritanismo, hemos tratado de mutilar estas columnas.

Sin embargo, la historia nos demuestra claramente que hay un vínculo estrecho y determinante entre muchos de los grandes profetas y hombres de Dios y los gobernantes y emperadores de su tiempo.

Además, pareciera que cada vez que el Señor se propuso realizar especial visitación a su pueblo, lo hizo relacionando a sus hombres con el monarca o gobernante de turno.

JOSÉ AL LADO DE FARAÓN

Mediante el acercamiento de José el soñador y Faraón, el pueblo de Israel recibió justamente la abundancia de Egipto, y no se suspendió la providencia divina sino hasta que se levantó un Faraón que no conocía a José. Es decir, mientras el hombre de Dios mantuvo buena relación con quien ostentaba el poder político en ese vasto imperio, las necesidades de Israel fueron suplidas.

Ese fue, precisamente, el propósito para lo cual Dios permitió que los hermanos de José lo vendieran a Egipto.

José mismo lo reconoce cuando se da a conocer a ellos: «Para preservación de vida me envió Dios delante de vosotros» (Génesis 45:5). Y para «preservaros posteridad sobre la tierra, y para daros vida por medio de gran liberación. Así, pues, no me enviasteis acá vosotros, sino Dios, que me ha puesto por padre de Faraón y por señor de toda su casa, y por gobernador de toda la tierra de Egipto» (Génesis 45.7 y 8).

> Esos gobernantes de Dios establecieron sólidos fundamentos y cambiaron el mundo.

José no duda en reconocer que fue el Dios de los cielos el que hizo de él el asesor espiritual (padre) de Faraón, el que tomaba las decisiones de la familia real (señor), y el jefe ejecutivo (gobernador) en todo el imperio egipcio.

Mientras Faraón reinaba, José gobernaba. Su influencia quedó demostrada cuando Faraón le sugirió que hiciera venir a toda su parentela de Canaán, diciéndole: «Porque yo os daré lo bueno de la tierra de Egipto, y comeréis de la abundancia de la tierra... Y no os preocupéis por vuestros enseres, porque la riqueza de la tierra de Egipto será vuestra» (Génesis 47.18-20).

Impropiamente la condición espiritual y económica en que actualmente vive el pueblo de Dios en nuestros países latinoamericanos dista mucho de la que vivió Israel en los tiempos de Faraón. Tenemos una endeble relación con el gobierno. No hay ni por asomo un «José» al lado del Presidente; al contrario, son otros seudo-religiosos quienes tienen acceso directo a sus oficinas. La abundancia de esta tierra la han disfrutado otros: desde el oro amarillo, saqueado por quienes nos «evangelizaron», hasta el oro negro aprovechado por los grandes consorcios transnacionales. Mientras tanto, los creyentes nos pasamos pregonando las penitencias de la pobreza y de la humildad.

Gracias a Dios que ahora su Santo Espíritu nos ha abierto las Escrituras, mostrándonos que las riquezas del mundo así como su abundancia Él las tiene reservadas para los justos y para que su pueblo en el momento decretado las canalice hacia objetivos de justicia.

Como la nación de Israel, Latinoamérica ha sido un pueblo muy sufrido y sometido a una doble esclavitud avasallante: espiritual y económica. La diferencia es que el pueblo hebreo ha reaccionado correctamente invocando al Dios de Abraham, Isaac y Jacob, aunque a veces lo ha hecho después de varios siglos de sufrimiento. Latinoamérica por su parte ha vivido en una ignorancia espiritual asfixiante. Primero, el oscurantismo indígena que duró milenios; después, la esperanza de libertad espiritual en la época de la conquista que quedó desvanecida al recibir un tipo de «evangelización» semejante a la de los indígenas: Nos cambiaron los ídolos toscos y morenos por los ídolos italianos.

Afortunadamente, ahora millones de latinos tenemos conocimiento del verdadero Dios y del verdadero Evangelio, y el tiempo se ha cumplido para la gran restauración. Para este gran levantamiento, el Señor está preparando hombres clave en todos los niveles.

NEHEMÍAS AL LADO DE ARTAJERJES

La información bíblica ejemplifica y confirma esta aseveración como la influencia sobresaliente que el gran líder Nehemías ejerció sobre Artajerjes, aquel poderoso gobernante del imperio medo-persa quien, con su influyente ayuda, defendió y financió la gran obra restauradora de este político y profeta.

Obviamente que los buenos deseos de Nehemías para con su pueblo y su amada Jerusalén hubieran quedado solo en planes si no es que de nuevo la providente mano de Dios se manifestó acercando a este valiente profeta con el terrenalmente poderoso Artajerjes.

Si observamos la parte medular de la oración intercesora y de arrepentimiento relatada en el capítulo 1 del libro de Nehemías, veremos en el último versículo que precisamente la petición se concentra en la relación del profeta con el monarca al solicitar los dirigentes del pueblo de Israel a Dios: «Concede buen éxito a tu siervo y dale gracia delante de aquel varón».

La oración de los dirigentes convocados a interceder se concreta en suplicar gracia y favor de Dios sobre el líder Nehemías en su relación política con el monarca Artajerjes.

Efectivamente, el Señor influye en el corazón de los reyes como Él quiere (Proverbios 21.1).

¡Y vaya si lo aprovecha Nehemías! Junto con la licencia de trabajo con goce de sueldo por tiempo indefinido, el rey le entrega, además de cartas de recomendación para varios gobernadores, guardaespaldas, «vales» para adquirir madera y demás materiales para construir el palacio, el muro de la ciudad y «la casa donde yo estaré».

> Cuando se trata de restaurar, vitalizar o favorecer a la iglesia cristiana en cualquiera de sus aspectos, no tarda en producirse una reacción en el reino de las tinieblas, cuyos principados procuran, a toda costa, impedir cualquier avance que la beneficie.

«Y me lo concedió el rey, según la benéfica mano de mi Dios sobre mí» (Nehemíahs 2.8).

¿Qué pasaría si siervos de Dios en alguno de nuestros países recibieran dinero o su equivalente de manos del gobierno para alguna obra de beneficio común? La censura y la condenación vendrían con el ímpetu de un huracán contra ellos de parte de las «piadosas» esferas de la grey protestante.

El espíritu de Sanbalat y de Tobías (Nehemías 2.10-19) ha desanimado y debilitado a muchos líderes con buenas intenciones incluso en este nuevo milenio.

Cuando aquellos tipos supieron que el nuevo liderazgo de Nehemías invadía esferas que no le competían, se enardecieron en gran manera contra quienes deseaban llevar a cabo este propósito. Para ellos era inaceptable que se introdujeran aspectos dogmáticos de la fe israelita con la fuerza gubernamental del persuadido Artajerjes porque eso significaba que se acumularían esfuerzos para la rehabilitación de la deteriorada Jerusalén, principal lugar de adoración judía.

Cuando se trata de restaurar, vitalizar o favorecer a la iglesia cristiana en cualquiera de sus aspectos, no tarda en producirse una reacción en el reino de las tinieblas, cuyos principados procuran, a toda costa, impedir cualquier avance que la beneficie.

Nuestro adversario sabe que su gran peligro es una iglesia unida y restaurada en todas sus áreas, por cuya razón se afana por impedir cualquier relación de los hombres de Dios con las personas que están en eminencia, así como en deteriorar la unidad y fortaleza del cuerpo de Cristo.

Pero bien declaró el Señor Jesucristo: «Las puertas del Hades no prevalecerán contra la ella» (Mateo 16.18).

ESTER Y MARDOQUEO, JUNTO AL REY ASUERO

Veamos ahora la no menos determinante influencia política de Mardoqueo y de Ester con el rey Asuero de Persia. Esta pareja, tío y sobrina, detuvieron la persecución y quizá la aniquilación de un Israel amenazado de muerte. La sorprendente sensibilidad política de Mardoqueo convierte a su sobrina en la Primera Dama del glorioso imperio medo-persa, en aras de poder cumplir el divino plan de liberación (Ester 4.14-16).

Este conocido testimonio del rey Asuero y su esposa creyente, quien había ocultado su identidad por razones meramente estratégicas, nos proporciona una rica aportación histórica, que refleja los propósitos divinos, cuando se trata de proteger a su pueblo.

Expresamente lo declara Mardoqueo a través de aquellos mensajes enviados a la reina Ester: «Si callas absolutamente en este tiempo, respiro y liberación vendrá de alguna otra parte para los judíos... ¿Y quién sabe si para esta hora has llegado al reino?» (Ester 4.14)

El Señor siempre provoca o permite las circunstancias con propósitos firmes y definidos, tal como les sucedió a José, a Moisés, a David y a tantos otros.

No en vano llegó Ester a esa altísima posición política. No fue para coronar y enriquecer su ego y sus sueños juveniles, ni para complacer simplemente los buenos deseos de un hombre justo como Mardoqueo, sino para que a través de ellos, una vez elevados al rango de la alta clase gobernante de su imperio, pudieran llegar a influir conforme al plan de Dios, para ser canal de bendición, protección y liberación a favor de todo un pueblo amenazado de muerte.

El urgente mensaje recibido de parte de su tío, escuetamente le advertía: «¿Y quién sabe si para esta hora has llegado al reino?» Y la valiente y firme respuesta de Ester no deja lugar a dudas: «Intercederé a favor de mi pueblo y si perezco, que perezca».

Con cierta frecuencia ha sido posible ver a creyentes que han alcanzado altas posiciones en sus carreras políticas, y que lejos de levantar su voz a favor de sus hermanos necesitados y perseguidos, callan bajo la coraza del poder y de la arrogancia. Es lamentable decirlo pero es una triste realidad; por eso es que necesitamos políticos con el coraje y la sensibilidad de Ester y los otros que han sido mencionados; verdaderos defensores de los derechos, de la tolerancia y de la justicia.

Lo mismo nos confirma la historia de Daniel, Sadrac, Mesac y Abed-nego. Estos cuatro jóvenes penetraron tanto en las esferas políticas que pudieron superar la difícil experiencia de la transición gubernamental hasta en tres ocasiones.

Como ellos hay otros casos semejantes que la historia bíblica registra y de los que nos ocuparemos en su oportunidad.

Surge aquí la pregunta: ¿Hasta dónde la ética cristiana saludable permite la participación del creyente en la vida pública de una nación?

En la época contemporánea hemos visto que en algunos lugares las buenas relaciones de los líderes cristianos con las autoridades han redundado en beneficio claro, fuerte y directo a favor de la sociedad en general.

En países como Guatemala, Colombia, Perú, El Salvador, Corea del Sur, Argelia, Nigeria, Filipinas, y los tradicionalmente protestantes, la buena relación creyentes-gobierno ha sido siempre beneficiosa, la cual nos debe dar la pauta a seguir.

En décadas anteriores en México se presentaron oportunidades que permitían las condiciones para establecer una relación sana y respetuosa entre estas dos entidades (Gobierno-Cuerpo de Cristo); sin embargo, la cultura evangélica así como sus prejuicios doctrinales, defendiendo una falsa y ambigua idea de «no contaminación con el mundo» obligaron a los pastores y consejeros a presionar a los pocos creyentes que incursionaban en la función pública para que de inmediato la abandonaran.

A causa de este puritano proceder y de nuestros prejuicios socio-religiosos permitimos que en el influyente mundo de la política y el arte se enseñoreara con toda libertad y dominio el príncipe de las tinieblas.

Las trascendentales decisiones políticas se toman sin considerar el interés y el punto de vista de la voz cristiano-evangélica.

Además, sin duda que los planes redentores de Dios a favor de los que se mueven en este medio se han visto frustrados a causa de nuestra apatía y prejuiciosa indiferencia.

El Señor dijo: «Una ciudad asentada sobre un monte no se puede esconder. Ni se enciende una luz y se pone debajo de un almud, sino sobre el candelero, y alumbra a todos los que están en casa... así alumbre vuestra luz delante de los hombres, para que vean vuestras buenas obras, y glorifiquen a vuestro Padre que está en los cielos» (Mateo 5.14-16).

> Además, sin duda que los planes redentores de Dios a favor de los que se mueven en este medio se han visto frustrados a causa de nuestra apatía y prejuiciosa indiferencia.

La primera reacción de nuestros dirigentes, cuando un político o un artista se convierte, es hacerlo que renuncie a su actividad profesional (quitarlo del candelero), ponerlo debajo de un almud (meterlo en el templo) y dotarlo de cultitis aguda.

El Señor nunca hizo renunciar a Samuel como juez ni a David o Salomón o a los demás monarcas que le sucedieron.

Durante 450 años se mantuvo la vigencia de jueces creyentes, más otro tanto del período monárquico israelita. Ni Jesucristo condenó a Zaqueo, a Nicodemo o a José de Arimatea quien fue discípulo secreto (Juan 19.38) y cuya influencia el Señor usó para el cumplimiento de planes y preservación; o aquel famoso tesorero público llamado Erasto, que siendo uno de los principales servidores de la iglesia, siguió siendo político (Romanos 16.23; Hechos 19.22; 2 Timoteo 4.20).

Jesucristo no le dijo a Zaqueo «en tu nombre llevas la fama» sino que lo distinguió, pidiéndole que fuera su anfitrión.

Podríamos agregar aquí importantes testimonios referentes a profetas y hombres de Dios cuyos ministerios tuvieron mucho que ver con los reyes y gobernantes de su tiempo, tales como Isaías, Jeremías, Ezequiel, Elías, Eliseo, pero baste con los ya mencionados. Desde dentro de los palacios, ellos oraban, aconsejaban e intercedían por las autoridades terrenales sin prejuicio ni vergüenza. Pero nosotros oramos por ellos desde nuestros templos y cuando nos atrevemos a algo mayor, lo hacemos en alguna placita pública de por ahí.

Son impredecibles los resultados que se producen cuando el pueblo del Señor camina unido por una visión y ora de común acuerdo con un objetivo específico.

En nuestros países latinos el ocultismo ha trabajado durante siglos. Ha llevado a cabo sacrificios de animales y de seres humanos. Ha proferido todo tipo de maldiciones, en tanto que sus actos y proclamaciones han constituido ladrillos que el enemigo ha usado para levantar verdades fortalezas y argumentos contra nuestras ciudades y naciones. Y si esto ha sido así, ¿cuánto mayor no tendría que ser la palabra profética y de guerra proclamada por los escuadrones del Dios viviente?

Como dice San Pablo en 2 Corintios 10.4-5: «Las armas de nuestra milicia no son carnales, sino poderosas en Dios para la destrucción de fortalezas, derribando argumentos y toda altivez que se levanta contra el conocimiento de Dios, y llevando cautivo todo pensamiento a la obediencia a Cristo».

Es innegable que el tiempo en que vivimos es el propicio para romper el tabú que como una diabólica barrera se ha levantado entre los líderes cristianos y los gobernantes.

Debemos estar sometidos a la autoridad. «Por causa del Señor, someteos a toda institución humana, ya sea al rey, como a superior, ya a los gobernadores, como por él enviados para castigo de los malhechores y alabanza de los que hacen bien. Porque esta es la voluntad de Dios: que haciendo bien, hagáis callar la ignorancia de los hombres insensatos; como libres, pero no como los que tienen la libertad como pretexto para hacer lo malo, sino como siervos de Dios. Honrad a todos. Amad a los hermanos. Temed a Dios. Honrad al rey» (1 Pedro 2.13-14).

Cuando mediante su actitud respetuosa el creyente logra optimizar su relación con las autoridades establecidas, resulta de gran alcance el favor político hacia ellos, especialmente cuando su posición la logra a causa de un plan preconcebido, tipo el llamamiento que el Señor le da a Ciro. La descripción de este llamamiento la encontramos en Isaías 45.1-7: «Así dice Jehová a su ungido, a Ciro, al cual tomé yo por su mano derecha, para sujetar naciones delante de él y desatar lomos de reyes; para abrir delante de él puertas, y las puertas no se cerrarán: Yo iré delante de ti, y enderezaré los lugares torcidos; quebrantaré puertas de bronce, y cerrojos de hierro haré pedazos; y te daré los tesoros escondidos, y los secretos muy guardados, para que sepas que yo soy Jehová, el Dios de Israel».

Y en Esdras 1.1-2, leemos: «En el primer año de Ciro rey de Persia, para que se cumpliese la palabra de Jehová por boca de Jeremías, despertó Jehová el espíritu de Ciro rey de Persia, el cual hizo pregonar de palabra y también por escrito por todo su reino, diciendo: Así ha dicho Ciro rey de Persia: Jehová el Dios de los cielos me ha dado todos los reinos de la tierra».

Tanto la historia secular como la bíblica registran al rey Ciro como el fundador del imperio persa y quien conquistó Babilonia en el año 539 a.C., poniendo fin al imperio neo-babilónico.

Ciro instituyó un gobierno justo y de misericordia, estableciendo una política de alta diplomacia, repatriando a los pueblos cautivos y permitiendo a los judíos regresar a Palestina (2 Crónicas 36.22-23; Esdras 1.1-14; Isaías 44.28 y 45.1-7).

¡Qué hermoso sería que dichos vínculos entre los gobernantes y los hombres de Dios se volvieran a repetir en estos tiempos trascendentales que vive la iglesia cristiana! Los resultados no se harían esperar, tanto en el aspecto comunitario como en el espiritual, resultados que beneficiarían a todas las naciones latinoamericanas.

Imagínese a los presidentes de nuestras naciones en íntima comunión con los hombres de Dios en el espíritu y poder de Nehemías, de Daniel, de Mardoqueo. Seguramente sus fundamentos y su ideología política mejorarían notablemente, haciendo proclamaciones al estilo de los grandes emperadores de la antigüedad, como leemos en Daniel 2.47-49: «Entonces el rey Nabucodonosor se postró sobre su rostro y se humilló ante Daniel, y mandó que se le ofreciesen presentes e incienso. El rey habló a Daniel, y dijo: Ciertamente el Dios vuestro es el Dios de dioses, y Señor de reyes, y el que revela los misterios, pues pudiste revelar este misterio.

Entonces el rey engrandeció a Daniel, y le dio muchos honores y grandes dones, y le hizo gobernador de toda la provincia de Babilonia, y jefe supremo de todos los sabios de Babilonia. Y Daniel solicitó del rey, y obtuvo que pusiera sobre

> ¡Qué hermoso sería que dichos vínculos entre los gobernantes y los hombres de Dios se volvieran a repetir en estos tiempos trascendentales que vive la iglesia cristiana!

los negocios de la provincia de Babilonia a Sadrac, Mesac y Abed-nego; y Daniel estaba en la corte del rey».

Estos jóvenes hebreos, cuyo espíritu y formación moral eran semejantes a la de Daniel, fueron recomendados por él inmediatamente después que Dios le permitió ser ubicado en la primera magistratura del imperio babilónico.

«Entonces Nabucodonosor dijo: Bendito sea el Dios de ellos, de Sadrac, Mesac y Abed-nego, que envió su ángel y libró a sus siervos que confiaron en él, y que no cumplieron el edicto del rey, y entregaron sus cuerpos antes que servir y adorar a otro dios que su Dios. Por lo tanto, decreto que todo pueblo, nación o lengua que dijere blasfemia contra el Dios de Sadrac, Mesac, y Abed-nego, sea descuartizado, y su casa convertida en muladar; por cuanto no hay dios que pueda librar como éste. Entonces el rey engrandeció a Sadrac, Mesac y Abed-nego en la provincia de Babilonia» (Daniel 3.28-30).

Daniel gobernaba desde la capital en el palacio y los hebreos en provincia.

Observe la convicción con la que se expresa un político cuando está junto a él un creyente de buen testimonio.

«Ahora yo Nabucodonosor alabo, engrandezco y glorifico al Rey del cielo, porque todas sus obras son verdaderas, y sus caminos justos; y él puede humillar a los que andan con soberbia» (Daniel 4.37).

«Entonces el rey Darío escribió a todos los pueblos, naciones y lenguas que habitan en toda la tierra: Paz os sea multiplicada. De parte mía es puesta esta ordenanza: Que en todo el dominio de mi reino todos teman y tiemblen ante la presencia del Dios de Daniel; porque él es el Dios viviente y permanece por todos los siglos, y su reino no será jamás destruido, y su dominio perdurará hasta el fin. Él salva y libra, y hace señales y maravillas en el cielo y en la tierra; él ha librado a Daniel del poder de los leones. Y este Daniel prosperó durante el reinado de Darío y durante el reinado de Ciro el persa» (Daniel 6.25-28).

Es indudable que Daniel logró dicha prosperidad gracias al favor que Dios le puso ante los ojos de los gobernantes mencionados, cuyo poder político trasciende desde Nabucodonosor hasta el rey Ciro de Persia.

Como Daniel, también ahora debemos obedecer a las autoridades y estar con ellas en buena disposición. El apóstol Pablo escribió a Tito (3.1-2): «Recuérdales que se sujeten a los gobernantes y autoridades, que obedezcan, que estén dispuestos a toda buena obra. Que a nadie difamen, que no sean pendencieros, sino amables, mostrando toda mansedumbre para con todos los hombres».

Insisto. Debemos acercarnos a la autoridad y honrarla: «Honrad a todos. Amad a los hermanos. Temed a Dios. Honrad al rey» (1 Pedro 2.17).

Esta última expresión cobra relevancia especialmente por el hecho del momento en que el apóstol Pedro encomienda a los creyentes que honren al rey. Muchos de los reyes de aquel tiempo eran del tipo de la dinastía de los Herodes, o de aquellos que reinaban sobre algunas regiones de Europa. Tenían un estilo de gobierno altamente autoritario, despótico y narcisista, lo cual dificultaba a los gobernados someterse. Pese a ello, no obstante, los apóstoles reiteraron a la iglesia no quebrantar este principio de autoridad, establecido por Dios.

En no pocas instancias ha quedado demostrado que la buena comunión honesta y respetuosa entre creyente y gobernantes han servido de marco para un país pacífico y productivo.

Con toda seguridad, a medida que nos adentramos en el nuevo milenio, habrán de suscitarse más relaciones de este tipo en algunos de nuestros países centro y sudamericanos. Mandatarios y líderes cristianos, sobre la base de un entendimiento sincero y sin egoísmos, harán prosperar a sus países. Por supuesto que no será en todos ni para siempre pues debemos tomar en consideración que para esta época el espíritu del anticristo se estará extendiendo en los cinco continentes en preparación del escenario para el gobierno mundial cuyo acontecimiento profético deberá tener lugar después del arrebatamiento de la Iglesia.

Es decir, a medida que la población evangélica vaya cobrando fuerza numérica, el movimiento del anticristo irá cobrando fuerza política en los gobiernos y en los bloques regionales, y su penetración se perfeccionará por medio de los tratados comerciales que se están celebrando en diferentes regiones del mundo para posteriormente aplicar su esfera de acción en áreas militares, políticas y religiosas.

> Con toda seguridad, a medida que nos adentramos en el nuevo milenio, habrán de suscitarse más relaciones de este tipo en algunos de nuestros países centro y sudamericanos.

¿Cuándo será esto? En realidad nadie lo sabe, ni los ángeles de los cielos, sino el Padre solo; así que pueden ser cinco, diez, veinte o más años.

Concluimos, pues, diciendo que el principio divino nos permite no solo acercarnos y obedecer a las autoridades, sino que nos obliga a honrarlas y participar en la vida pública, a fin de poder ser factores de provechoso enlace entre aquella y la comunidad cívica nacional.

La estrategia a seguir el Señor la estará mostrando tan claramente como lo ha comenzado a hacer. Ahora mismo se están abriendo puertas que estuvieron cerradas. Así que si alguien sigue pensado que los creyentes que se enrolan en la política o entablan amistad con los gobernantes cometen pecado, yerran ignorando las Escrituras y el poder de Dios. Sería diferente que el creyente procurara el acercamiento para corromperse, para sentarse en silla de escarnecedores o para participar en lo injusto, pero si se acerca para ministrarles, para interceder por ellos o para ocupar un cargo en algún departamento gubernamental respetando los ordenamientos bíblicos y en el temor de Dios, nada puede impedir este ejercicio, siempre y cuando no sea ministro ordenado, que esté ejerciendo tales funciones.

En México y posiblemente en algunos otros de los países latinoamericanos las reformas constitucionales en materia religiosa han dado a los ministerios cristianos la oportunidad de responder afirmativamente al llamado a participar en la política, sometiéndose al requisito de renunciar al cargo eclesiástico cinco años antes de la celebración de los comicios cuando se trate de un cargo de elección popular. Por supuesto, renunciar a la función de ministro de culto no significa que no se pueda seguir predicando el evangelio.

Hay países que otorgan completa libertad constitucional a los ministros de culto para que participen en puestos de elección popular.

El hecho que un creyente contienda en comicios electorales contra candidatos de partidos oficialistas no significa que se esté

revelando contra las autoridades establecidas, sino sencillamente que se está procurando, mediante los conductos legales,
alcanzar posiciones de autoridad.

Es hora de actuar y de ejecutar con sabiduría todo lo que nos
viniere a la mano, según nuestras fuerzas (Eclesiastés 9.10).

2
POLÍTICA Y RELIGIÓN

La Biblia y sus principios pueden aplicarse en la esfera política. Dios es soberano y, por ende, su Palabra corre y es glorificada en otros ámbitos humanos, además de en la iglesia, pudiendo normar la conducta en todas las esferas sociales, incluida la gubernamental.

No hay un solo metro cuadrado en el Universo donde Jesucristo no pueda decir: ¡Esto es mío!

Carecería de lógica que una institución tan importante como lo es el Estado no esté sometida a la soberanía divina.

El reino de los cielos no está dividido entre lo espiritual y lo secular. El poder de Dios y su señorío pasan del cielo a la tierra, de lo espiritual a lo material; del templo a los grandes campos blancos de mies madura. Estos tienen que ver con las clases y núcleos sociales y políticos, de todo pueblo, lengua, tribu y nación y nadie tiene la autoridad para limitar esta expansión redentora de Dios. En virtud de esto, resulta verdaderamente irracional y fuera de todo contexto que la religiosidad de algunos impida llegar a esos objetivos de evangelización que ciertamente son prioritarios.

Tanto el creyente que está en la fábrica como el que ministra o el que está en eminencia deben estar en intimidad con Dios. Deben obedecer sus mandamientos y sus estatutos, los cuales son aplicables en todos los aspectos de la vida tanto dentro de la familia como fuera de ella.

❖ En tu trabajo debes ser un siervo fiel, obediente y no respondón (Tito 2.9).

❖ Como patrón debes ser justo y no abusar de tus empleados (Santiago 5.4 y Colosenses 4.1).

❖ Como comerciante no debes alterar las pesas y medidas ni los precios (Proverbios 20.10, 23).

❖ Como servidor público, no debes tomar cohecho ni soborno, ni cometer injusticias (Deuteronomio 16.19).

❖ Como gobernado o ciudadano común debes atender estrictamente el sinnúmero de recomendaciones bíblicas y ser obediente, sujeto y respetuoso (Romanos 13).

Sin embargo, bajo el falso concepto de no tocar lo inmundo, es decir, lo secular, hemos dejado de ser sal y luz.

Se dice que, además de la Biblia, Dios tiene otro libro, el de la Naturaleza, por medio de los cuales revela sus hechos, objetos, creación, historia, bibliografía humana.

A través del libro de la Naturaleza y mediante la propia historia del hombre el creyente aprende un tipo de legislatura divina que paulatinamente va incorporando a su estilo de vida, incluyendo el ámbito político. Obviamente, Dios ha dejado plasmado en las Sagradas Escrituras y no en la historia de la humanidad su legado perfecto para el hombre; no obstante, su contenido viene a enriquecer y confirmar la existencia de ella.

Por su parte, la mayoría de los regímenes de gobierno en el mundo no se inspiran ni se dejan guiar por la rectoría bíblica. Para legalizar su autoridad pública, lejos de apelar al recurso escritural, concurren a apoyos populares tales como la democracia, el criterio individual de impartir justicia, los derechos hereditarios, monárquicos o dictatoriales. Estos sistemas guardan sus diferencias en cuanto a su relación con aspectos religiosos. Los hay aquellos que se declaran ateos como la antigua Unión Soviética, y que ahora mismo experimenta una esplendorosa visitación divina. Los hay aquellos que se auto proclaman desde el seno mismo de sus constituciones como practicantes de una sola religión nacional, como lo son los países regidos por el islamismo. En cuanto al occidente, básicamente es la religión cristiana la que impera en la totalidad de los países, con la diferencia de que los gobiernos son tolerantes y respetuosos, no imponiendo ni esta ni otra religión, mayormente aquellos cuya ética es de fundamento protestante.

Muchos expertos en política piensan que la religión es secundaria y dependiente, de alguna manera, del poder estatal.

Nosotros creemos que las naciones, así como sus gobiernos, dependen del grado espiritual de sus ciudadanos. Un país de creyentes e intercesores espirituales afectará positivamente tanto a los gobernantes como a sus esferas institucionales y sociales.

En realidad, Dios estableció tanto a la sociedad como al estado. Él puede establecer su señorío no solo a través de un hombre (monarquía) sino a través de unos cuantos (dictadura) o bien a través de la voluntad de las masas (democracia). La Biblia afirma que «no hay autoridad sino de parte de Dios, y las que hay, por Dios han sido establecidas» (Romanos 13.1).

El nivel espiritual y cultural de los países determina su tipo de gobierno. Para una nación habitada por gente noble, educada y temerosa de Dios, cualquier tipo de gobierno les será benévolo. Pero un país con gente pecadora, murmuradora, detractora y rebelde, difícilmente se podrá gobernar con gente distinta a ellos.

La eficacia de un gobierno estará garantizada más que por su forma (monarquía, dictadura o democracia), por la estatura cultural, moral y espiritual de sus gobernados.

Concretamente en nuestro continente americano, en naciones como Canadá y Estados Unidos, el régimen de gobierno democrático es más adaptable, pero en otros países cuyo nivel moral y cultural no es suficientemente sólido, la modalidad de gobiernos seudo-democráticos se verá en frecuentes riesgos de guerrillas o terrorismo, golpes de estado, alborotos, represiones y todo tipo de inconformidades sociales.

Sin embargo, la existencia del Estado, cualquiera sea su tipo de gobierno, es insustituible. El mismo instinto gregario del hombre le obliga a ello. Además, la administración de justicia, así como la maquinaria burocrática, la existencia del ejército y demás cuerpos de seguridad no deben constituir un dolor humano sino una providente dádiva de Dios tendiente no a perjudicar sino a defender al hombre.

> Una nación cristiana no es la que tiene una mayoría de población cristiana, ni que es gobernada por una entidad eclesiástica. Una nación cristiana es la que se guía y fundamenta sobre principios bíblicos cuyas leyes e instituciones reflejan una alta consideración a los valores éticos.

La existencia del Estado y las instituciones constituye una cobertura que Dios ofrece por gracia a todo ciudadano común. Por medio de ellos, Él frena y combate la influencia pecaminosa y delincuencial, promoviendo un orden moral disciplinario; sin embargo, la corrupción puede afectar seriamente esta función.

Existen, por ejemplo, muy buenos gobernantes y líderes políticos pero lamentablemente están rodeados de burócratas y personas sin escrúpulos cuya única finalidad es enriquecerse al amparo de sus puestos o función pública.

En algunas naciones latinoamericanas la esperanza de un cambio en este sentido ha quedado solo en promesa a pesar de las buenas intenciones de dichos gobernantes. Mientras no haya una verdadera renovación moral y ética en la clase gobernante no se podrá acabar con el flagelo de la corrupción y la deshonestidad.

Una nación cristiana no es la que tiene una mayoría de población cristiana, ni que es gobernada por una entidad eclesiástica. Una nación cristiana es la que se guía y fundamenta sobre principios bíblicos cuyas leyes e instituciones reflejan una alta consideración a los valores éticos.

La eficacia de la Sagrada Escritura

Los gobiernos del mundo se lo pasan reformando, derogando y promulgando nuevas leyes. Cada nación tiene su poder legislativo siempre en acción, cambiando y promoviendo nuevos preceptos jurídicos con proyectos que abarcan todas las áreas de gobierno tales como la social, hacendaria, laboral, civil, política, penal, electoral. Nunca dejan de hacerlo. Tal parece que el gobierno entrante inicia su gestión abrogando y cambiando lo que hizo el anterior, como si su afán fuera demostrar más alta capacidad política que su antecesor.

Si no, obsérvense los nombres de las secretarías de Estado de los gobiernos de Canadá y Estados Unidos y se verá que son muy pocos los cambios que han sufrido en las últimas décadas. Sin embargo, investigue los nombres de las secretarías de algunos gobiernos latinos y verá que cada nuevo gobierno entra arrasando con los nombres y programas del anterior.

Otro mal que padecemos los latinos es haber aprendido a aborrecer al presidente saliente, al cual muchos adularon durante su gobierno. Incluso los creyentes hemos sido influenciados por esta presión pública nacional; sin embargo, debemos reflexionar acerca de las consecuencias que traen consigo el odio y la falta de perdón. Cuando caemos en esta trampa nos damos cuenta que hay muchos enfermos de resentimiento y amargura e incluso de opresión espiritual.

Debemos preparar nuestra mente, dándole madurez, para no volver a caer en este hábito. Ojalá que el día que el actual presidente concluya su mandato sepamos respetarlo, no dejándonos manipular por la presión de los grandes grupos de poder, ni por la influencia constante de algunos medios masivos de comunicación.

Desde hace casi 4 mil años Dios promulgó los preceptos bíblicos de una vez y para siempre, inspirando al gran legislador Moisés y posteriormente a los profetas. Si los gobiernos de las naciones escudriñaran tan solo la esencia de la sabiduría del contenido escritural, dejarían de practicar riesgosos experimentos legislativos y no expondrían a la sociedad a tan cambiantes ordenamientos sociales. Por supuesto, sus constituciones deberían estar fundamentadas en las ya aprobadas y probadas leyes y principios bíblicos.

Las ideologías y preceptos no pueden cambiar la vida de una nación. Para moralizarlas, es menester que Dios cambie los corazones de sus habitantes. Jesús dijo: «Si el Hijo os libertare, seréis verdaderamente libres» (Juan 8.36); es decir, a medida que el Evangelio penetre a la vida de una nación, esta irá experimentando los efectos positivos de la libertad espiritual. Cuando el número de individuos transformados por el Espíritu sea mayor, consecuentemente sus familias, negocios, escuelas, iglesias, municipios, estados y naciones también mejorarán. Un país se mueve conforme a la influencia de la conducta de sus habitantes.

Es normal que esta conducta se observe en nuestras congregaciones cristiano-evangélicas en las personas que se van convirtiendo. Al ser discipuladas con la Sagrada Escritura la cual es útil para enseñar, para redargüir, para corregir y para instruir en justicia (2 Timoteo 3.16), cantidad innumerable de familias desintegradas, alcohólicos, drogadictos vienen a ser totalmente restaurados a través de su conversión a Jesucristo y de la aplicación en sus vidas de su santa Palabra.

No es suficiente levantar estructuras de mercado o diseños de política social de grandes alcances, pues cuando estas son administradas por gobernantes demagogos o corruptos, su fracaso es inevitable.

Los gobiernos dependen virtualmente de sus hombres; no los hombres de sus gobiernos. Si los hombres son buenos, sus gobiernos no pueden ser malos. Este fenómeno se refleja igualmente en una iglesia. Lo saludable de ella depende de lo saludable de las familias que la componen.

Lamentablemente, buena parte del pueblo latino nos hemos especializado en la crítica y la censura y cada quien pretende ser sabio en su propia opinión, pero recordemos que el Señor dijo: «Saca primero la viga de tu propio ojo, y entonces verás bien para sacar la paja que está en el ojo de tu hermano» (Lucas 6.42).

La mayoría de los latinos somos gente de buena voluntad; sin embargo, es demasiada la influencia que se ejerce sobre nuestra conciencia a través de algunos medios de comunicación, los cuales pueden estar impulsados por grandes y oscuros intereses de los grupos de poder.

En la actualidad, la mayoría de las naciones están enfrentando algún tipo de crisis. Individuos, familias, empresas públicas y privadas se encuentran al borde de la quiebra o en el caos moral. Las presiones están aumentando sobre cada nivel de la sociedad.

¿A quien acudiremos en busca de la respuesta para tan caótica situación mundial?

La Biblia tiene la respuesta y Jesucristo es el Camino: «Si os libertare seréis verdaderamente libres» (Juan 8.36).

En los últimos siglos, las ideologías partidistas y los más diferentes tipos de gobierno han fracasado en sus ofrecimientos de libertad y justicia a sus gobernados. No es que no tengan buenas intenciones. Lo que pasa es que muchos de sus líderes no han experimentado un cambio interno; es decir, no han podido auto gobernarse ni ellos ni a sus familias.

El que no sabe gobernar su casa, ¿cómo cuidara de una comunidad mayor? «Mejor es el que tarda en airarse que el fuerte; y el que se enseñorea de su espíritu, que el que toma una ciudad» (Proverbios 16.32).

El cuarto presidente de los Estados Unidos y principal arquitecto de la Constitución de ese país, James Madison expresó: «Hemos comprometido todo el futuro de la civilización norteamericana no sobre el poder del gobierno, lejos de ello; hemos comprometido el futuro de nuestras instituciones políticas sobre la capacidad de auto gobierno de la humanidad, sobre la capacidad de todos y cada uno de nosotros de auto gobernarnos, controlarnos y sustentarnos nosotros mismos de acuerdo a los diez mandamientos de Dios.

Una degeneración de los principios éticos de una nación, así como de sus ciudadanos, sería fatal, lo cual constituye el más terrible peligro en que pueda caer un gobierno: sería su daño peor que un ataque masivo militar».

Estas palabras del ex presidente Madison nos muestran la vital importancia del dominio propio; es decir, del auto gobierno.

El hombre llega a ser una persona auto gobernada en la medida en que se sujeta a Dios y a su verdad; y las naciones, en la medida en que aplican los principios de la religión cristiana. La religión que ha introducido la libertad civil es la religión de Cristo y sus apóstoles, la cual incluye humanidad, amor, paciencia y benevolencia, la que reconoce en cada persona a un ser humano, a un ciudadano con iguales derechos. Este es el genuino cristianismo y a esto debemos nuestras constituciones y gobiernos libres. El hecho que esa nación se esté apartando de los fundamentos que la constituyeron desde sus inicios y que le dio gran solidez moral, es otro tema.

Generalmente, cada nación está basada sobre una religión. El cristianismo trae no solamente libertad individual sino también libertad civil.

Benjamín Franklin afirmó: «Aquel que introduzca en los asuntos públicos los principios del cristianismo primitivo cambiará la faz del mundo». En el contexto de esta declaración, los cristianos deben tomar las posiciones de liderazgo en las naciones, las cuales han sido usurpadas por los «hijos de las tinieblas». Como dice Pablo a los romanos: «Porque el anhelo ardiente de la creación es aguardar la manifestación de los hijos de Dios» (Romanos 8.19). Jesús por su parte anticipó: «Los hijos de las tinieblas son más sagaces que los hijos de luz».

> Benjamín Franklin afirmó: «Aquel que introduzca en los asuntos públicos los principios del cristianismo primitivo cambiará la faz del mundo».

A causa del gran engaño que la filosofía humanista ha provocado en la sociedad, incluidos los cristianos, estos han permanecido al margen de las decisiones políticas más trascendentales, lo cual es mayormente condenable.

La Biblia confirma reiteradamente que Dios está interesado en la política y en el gobierno de las naciones. Veamos algunos indicativos bíblicos que así lo demuestran:

«Los reinos del mundo han venido a ser de nuestro Señor y de su Cristo; y él reinara por los siglos de los siglos» (Apocalipsis 11.15).

«La cual a su tiempo mostrará el bienaventurado y solo Soberano, Rey de reyes, y Señor de señores, el único que tiene inmortalidad, que habita en luz inaccesible; a quien ninguno de los hombres ha visto ni puede ver, al cual sea la honra y el imperio sempiterno. Amén» (1 Timoteo 6.15-16).

«Él multiplica las naciones, y él las destruye; esparce a las naciones, y las vuelve a reunir» (Job 12.23).

«Porque de Jehová es el reino, y él regirá las naciones» (Salmos 22.28).

«Él muda los tiempos y las edades; quita reyes, y pone reyes; da la sabiduría a los sabios, y la ciencia a los entendidos» (Daniel 2.21).

«La sentencia es por decreto de los vigilantes, y por dicho de los santos la resolución, para que conozcan los vivientes que el Altísimo gobierna el reino de los hombres, y que a quien él quiere lo da, y constituye sobre él al más bajo de los hombres» (Daniel 4.17).

Así como estos, hay muchos otros fundamentos bíblicos que aseveran la preponderancia del apostolado político ante los ojos del Soberano de los reyes de la tierra.

«Cuando los justos dominan, el pueblo se alegra; mas cuando domina el impío, el pueblo gime» (Proverbios 29.2).

NUEVA HORNADA DE POLÍTICOS

Ha sido mucho el gemir de los pueblos latinoamericanos que han sido sometidos a un despótico vasallaje a través de los siglos. Tal como lo afirmamos en la introducción de este libro, es injusto que hombres honorables y de buena conducta persistan en auto marginarse de la esfera política, cuya historia ciertamente está llena de podredumbre y corrupción.

¿Cómo podrá cambiar esta situación si irresponsablemente decidimos dejarla siempre en las manos de saqueadores y gente sin escrúpulos?

¿Qué países les estamos heredando a nuestros hijos por nuestra cobarde timidez?

¿Permitiremos que entidades naturalmente antagónicas al cristianismo evangélico continúen controlando medios de comunicación, curules, escaños y hasta la silla presidencial, con lo que nos hacen correr el riesgo de volver al cautiverio inquisitorial de siglos pasados?

No negamos que en los últimos años elementos de gran estatura moral se han decidido a ocupar posiciones de gobierno, pero su influencia ha sido rebasada por las mafias establecidas y por poderosos grupos políticos cuya naturaleza está de por sí corrompida.

Estos pequeños grupos de jóvenes políticos de aceptable estatura ética y de buena voluntad están urgidos de la concurrencia de un mayor número de funcionarios de su mismo perfil, no maleados ni asociados con los grupos de poder, sino cuyo único compromiso es con la nación, con la justicia y la rectitud. Por supuesto que la iglesia como tal debe mantenerse al margen de todo interés gubernamental; de la misma manera que el gobierno jamás debería hacer alianzas políticas o de cualquiera otra índole con asociación religiosa alguna. Sería corrupto y deshonesto que el poder estatal estableciera acuerdos secretos con alguna entidad eclesiástica, por más fuerte que esta sea, a fin de darle trato preferencial. Esto no se estila en naciones verdaderamente libres y democráticas.

3

APOSTOLADO POLÍTICO

La iglesia protestante es una expresión popular y masiva sintonizada con los anhelos cívicos de un mejor nivel ético en la clase gobernante. Como esta, son muchas las coincidencias de una sociedad muy lastimada por la creciente inseguridad pública y la delincuencia policíaca, por señalar solo un ejemplo.

A pesar de los muchos esfuerzos desplegados por algunos gobiernos latinoamericanos, no se ha podido combatir con eficiencia el gravísimo problema de la inseguridad pública. Lo peor del caso es que con frecuencia se han dado situaciones delincuenciales donde se ven involucrados los mismos cuerpos policíacos. ¡Qué aberración!

Los elementos contratados, capacitados y financiados para velar por la comunidad y en cuyas manos está nuestra confianza y seguridad son nuestros propios depredadores.

¿Hasta cuando permitiremos que esta caótica situación siga envuelta en sus propias tinieblas? ¿Persistiremos en mantenernos al margen de una esfera donde se necesitan con urgencia personas con principios y moral renovados? Inevitablemente tendrá que aceptarse entre la población cristiana evangélica el llamamiento a las actividades públicas, tanto más en estos momentos de urgencia moralizadora. A esta decisión se tuvo que llegar en países hermanos de Latinoamérica y otros continentes, cuya experiencia ha dado óptimos resultados no obstante algunas excepciones.

Este fenómeno es notorio desde el principio de la iglesia primitiva donde el apóstol Pablo exhorta a los cristianos en Grecia por su apatía e irresponsabilidad en relación con la política, lo que permitió a los no cristianos tomar el control de los tribunales. Observe lo que dice Pablo a los corintios: «¿O no sabéis que los santos han de juzgar al mundo? Y si el mundo ha de ser juzgado por vosotros, ¿sois indignos de juzgar cosas muy pequeñas? ¿O no sabéis que hemos de juzgar a los ángeles? ¿Cuánto más las cosas de esta vida? Si, pues, tenéis juicios sobre cosas de esta vida, ¿ponéis para juzgar a los que son de menor estima en la iglesia? Para avergonzaros lo digo. ¿Pues qué, no hay entre vosotros sabio, ni aun uno, que pueda juzgar entre sus hermanos, sino que el hermano con el hermano pleitea en juicio, y esto ante los incrédulos?» (1 Corintios 6.1-6).

Stephen McDowell en su libro «Liberando a las naciones», escribe: «San Pablo urgió a buscar puestos políticos tales como el sistema de tribunales de Corinto. Cuando los cristianos encontraron dificultades para penetrar en el sistema legal romano, empezaron a formar sus propias cortes alternativas que obligaron solo a aquellos que voluntariamente aceptaban el resultado mediante un acuerdo de facto. Con el tiempo, los paganos empezaron a rechazar el arbitrario sistema romano y a buscar la justicia real a través de las cortes cristianas. Para la época de Constantino, alrededor del año 300 d. C. la mitad de la población del imperio se había convertido al cristianismo y consecuentemente, se involucró en el sistema cristiano de cortes. Así, cuando Constantino estableció el cristianismo como la religión oficial del imperio, a los jueces cristianos se les dio también condición legal y de esta manera se requirió que vistieran la toga oficial oscura o la túnica usada por los magistrados civiles».

La práctica moderna del uso de las «túnicas de púlpito» por parte de los ministros de las denominaciones llamadas históricas tiene su origen en este hecho, porque la mayoría de estos «jueces cristianos» eran clérigos.

De ahí que las túnicas de púlpito son testimonio y un memorial de la participación de la iglesia primitiva en la administración de justicia.

ERASTO

La exhortación de Pablo a aquellos cristianos en Corinto fue tan convincente que pareciera que uno de los miembros de su propio equipo, Erasto, cambió de ser un ministro del evangelio para ser un ministro civil («Los gobernantes son servidores de Dios para tu bien» Romanos 13.4-6).

Como Timoteo, Erasto había sido asistente apostólico de tiempo completo de Pablo, hasta que este lo envió a Grecia (Hechos 19.22). Mientras ministraba en las iglesias ahí, empezó a sentir el llamamiento de Dios al oficio político. Al final de la carta a los Romanos, escrita desde Corinto, Pablo nos dice qué le sucedió. Dice: «Os saluda Erasto, tesorero de la ciudad» (16.23).

Los arqueólogos han descubierto en Corinto una tableta del primer siglo en la que se lee: «Erasto, el comisionado de obras públicas, construyó este empedrado con sus propios recursos». Se cree que es el Erasto de la Biblia.

Stephen Mcdowell sigue diciendo: «Otro acontecimiento que cambió al mundo fue el viaje de Colón a América. Colón creció en Génova, Italia. Alrededor del año 1300 d.C., la libertad en las ciudades del norte de Italia y el anhelo de conocer más acerca del Este inspiraron los viajes de otro genovés, Marco Polo. Los escritos de Marco Polo inspiraron a Colón, quien fue a los reyes católicos de España y los convenció de que era posible alcanzar el Este navegando hacia el Oeste. En 1492 Cristóbal Colón, cuyo primer nombre significa "El que lleva a Cristo", abrió el hemisferio occidental a la civilización cristiana. Todos conocemos esto ¿pero sabemos qué motivó a Colón a embarcarse en una jornada tan ardua y peligrosa? Los siguientes extractos de sus profecías nos lo dirán: 1) "Fue el Señor que lo puso en mi mente, puedo sentir su mano sobre mí, el hecho de que sería posible navegar de aquí a las Indias". 2) "Todos los que oyen de mi proyecto lo rechazan con burla, ridiculizándome. No hay duda que la inspiración fue del Espíritu

Santo, porque él me confrontó con rayos de maravillosa iluminación de las Sagradas Escrituras. Porque para la ejecución del viaje a las Indias no hice uso de la inteligencia con matemáticas o mapas. Esto es simplemente el cumplimiento de lo que Isaías había profetizado".

> «Las consecuencias de esta cultura las sufrimos en la América hispana hasta nuestros días».

«En cuanto al pueblo latinoamericano y sus raíces, la puesta en operación de parte del papado romano de la Santa Inquisición hacia el año 1500 D.C. propició la casi aniquilación de los protestantes y pueblo judío de la nación española. Esto dio lugar a una nula influencia de la moralización cristiano-evangélica en dicha nación, repercutiendo naturalmente en la culturización de las recién nacidas naciones del Nuevo Mundo, conquistadas por los españoles.

«Aunque eran motivados por las mejores intenciones de cristianización, Colón y sus acompañantes cargaban con el arraigo de simientes de tiranía religiosa demasiado politizadas entre quienes precisamente habían financiado su viaje.

«Las consecuencias de esta cultura las sufrimos en la América hispana hasta nuestros días».

Por otro lado y concretamente en Latinoamérica, este fenómeno está siendo rebasado en la actualidad por la espectacular penetración de los grupos evangélicos, cuya influencia moralizadora está abarcando las esferas culturales y políticas de la sociedad civil.

En efecto, desde la década de los ochenta, el Señor ha levantado muy importantes ministerios en el área de la alabanza y de la guerra espiritual. Esta la han venido haciendo grupos musicales latinos, cuyos penetrantes ministerios llevan más de dos décadas abriendo brecha y confundiendo las fortalezas del príncipe de la potestad del aire.

Por supuesto, esta apertura musical de los últimos años está ejecutando un papel preponderantemente adorador y guerrero, y sus poderosos efectos han resquebrajado antiguas fortalezas satánicas tales como la ceguera espiritual, la incredulidad, la idolatría y las tradiciones.

¿APOSTOLADO POLÍTICO?

Simultáneamente a lo que señalábamos más arriba, se ha levantado el ministerio de profetas con una gran revelación, los cuales están siendo utilizados por el Señor para marcar directrices, transmitir estrategias de Dios a los dirigentes de su pueblo, confirmar llamamientos ministeriales y señalar pecados.

Por otra parte, el número de maestros dotados de especial sabiduría y que adiestran y capacitan a los escuadrones del Dios viviente sigue aumentando cada año. También se está multiplicando el número de servidores conforme al corazón de Dios con un verdadero anhelo de salir del letargo espiritual tan extendido por estos días.

En fin, el Señor va proveyendo los recursos para luchar en cada faceta que sea necesario en el campo de batalla espiritual.

Pero el ministerio que lamentablemente nuestra «santísima» posición protestante ha reprobado ha sido la participación del creyente en la política, sea esta local, regional o nacional, llegándose al extremo de que en algunos medios evangélicos se considere algo inaudito siquiera tocar el tema.

Para muchos es religiosamente inconcebible el apostolado político. El dicho popular que en sí mismo está distorsionado de que «política y religión no se mezclan» es el estandarte que enarbolan para apoyar su postura.

Quienes sustentan esta posición en realidad se amparan en teorías meramente abstractas que la historia ha calificado como inoperantes por la escasez de principios bíblicos que la sustenten.

Por su naturaleza, las actividades de carácter político no pueden escapar de la amplia y perfecta soberanía divina, ni los creyentes, como instrumentos de Dios, pueden eludir sus designios cuando su llamado vaya encaminado en ese sentido. Lo cual obviamente no implica involucrar a toda una estructura religiosa.

OBISPOS SEUDO PACIFICADORES

Tanto las constituciones republicanas como los propios principios bíblicos condenan que intereses eclesiásticos se involucren en esferas gubernamentales. Jesús lo afirmó al declarar: «Dad a César lo que es de César, y a Dios lo que es de Dios» (Lucas 20.25). Esto, por supuesto, de ninguna manera significa que los políticos estén impedidos de incursionar en el cristianismo.

Jesús usó a funcionarios públicos para levantar importantes apostolados. Esto es legítimo. Además, la Biblia registra que muchos creyentes siguieron siendo destacados políticos después de haber entregado sus vidas a Cristo. Lo que sí es moralmente reprochable es que líderes religiosos pretendan protagonismos políticos y que se lo pasen declarando censuras contra actos de gobierno, o bien, emitiendo comunicados de prensa amenazantes o tendenciosos, tal como lo hacen ciertos obispos seudo pacificadores.

El púlpito jamás debería usarse para trastrocar el estado de derecho ni para incitar a los fieles en contra de las instituciones. Tampoco debería usarse para hacer proselitismo político ni a favor ni en contra de ideologías partidistas.

Este no es el trabajo del líder espiritual. Lo reprueba la Biblia y lo condena la Constitución. Es por eso que resulta incomprensible que nuestras honorables autoridades permitan ciertos abusos en este sentido.

El gobernante: un ministro de Dios

El apóstol Pablo, en su Epístola a los Romanos capítulo 13, cuyo contenido es bien conocido entre la comunidad evangélica, define nítidamente la posición que debe guardar la iglesia cristiana respecto a sus gobernantes: «Sométase toda persona a las autoridades superiores; porque no hay autoridad sino de parte de Dios, y las que hay, por Dios han sido establecidas. De modo que quien se opone a la autoridad, a lo establecido por Dios resiste; y los que resisten, acarrean condenación para sí mismos. Porque los magistrados no están para infundir temor al que hace el bien, sino al malo. ¿Quieres, pues, no temer la autoridad? Haz lo bueno, y tendrás alabanza de ella; porque es servidor de Dios para tu bien. Pero si haces lo malo, teme; porque no en vano lleva la espada, pues es servidor de Dios, vengador para castigar al que hace lo malo. Por lo cual es necesario estarle sujetos, no solamente por razón del castigo, sino también por causa de la conciencia. Pues por esto pagáis también los tributos, porque son servidores de Dios que atienden continuamente a esto mismo. Pagad a todos los que debéis: al que tributo, tributo; al que impuesto, impuesto; al que respeto, respeto; al que honra, honra. No debéis a nadie nada, sino el amaros unos a otros; porque el que ama al prójimo, ha cumplido la ley» (vv. 1-8).

En una forma diáfana y contundente, Pablo ubica la posición del creyente ante las autoridades terrenales. Cualquiera que se rebele contra las autoridades terrenales a lo establecido por Dios se opone y acarrea condenación para sí mismo.

LA VIOLENCIA Y LA FE

Por otro lado, es mayormente condenable el uso de la violencia para imponer credos, o violentar la paz social para supuestamente establecer la justicia.

Si en el terreno político resulta inaceptable e inmoral el monopolio partidista, (por lo cual es loable que el gobierno haya cumplido su apertura auténticamente democrática) mayormente irracional y deshonesto sería que alguien se empecinara en el monopolio religioso.

Las antiguas épocas de instituciones políticas, religiosas y sociales totalitarias, dictatoriales e inquisitoriales ya constituyen solo una dolorosa historia. Muchos de nuestros países se han declarado pluralistas, tolerantes, pacíficos y respetuosos. Ya no hay espacio para la intolerancia ni para ningún tipo de cacicazgo.

En la única ocasión en que uno de los discípulos de Jesús intentó usar su espada para defender la libertad de su Señor, este reaccionó diciéndole que el reino de Dios no se impone por las armas, «porque todos los que tomen espada, a espada perecerán» (Mateo 26.52). Igualmente a los hermanos Jacobo y Juan, conocidos como «hijos del trueno» que erróneamente sugirieron a Jesús el uso de la violencia, los reprendió duramente: «Sus discípulos Jacobo y Juan, dijeron: Señor, ¿quieres que mandemos que descienda fuego del cielo, como hizo Elías, y los consuma? Entonces volviéndose él, los reprendió, diciendo: Vosotros no sabéis de qué espíritu sois; porque el Hijo del Hombre no ha venido para perder las almas de los hombres, sino para salvarlas» (Lucas 9.54-56).

El cristianismo es una doctrina diametralmente opuesta a la violencia. La poderosa fuerza que engrandece a la Iglesia debe ser el amor y la tolerancia. El fruto del Espíritu es, precisamente, eso: Amor, gozo, paz, benignidad, fe, bondad, mansedumbre, dominio propio, paciencia; de manera que el odio, la incredulidad y la violencia no tienen nada que ver con la verdadera fe cristiana; además, la comunidad cristiana debe ser un pueblo que:

❖ No paga mal por mal.

❖ Ama y promueve la paz.

❖ Se alegra con la justicia.

❖ Todo lo cree, todo lo espera, todo lo sufre, todo lo soporta.

❖ No busca su bien propio sino el de los demás.

❖ Se sabe someter a las autoridades.

Es un pueblo convencido de que la lucha no es contra la gente ni contra las instituciones ni mucho menos contra las religiones de distinta fe, sino contra las huestes espirituales de maldad que se mueven en el mundo invisible. Una terrible batalla se está librando contra los principados que están carcomiendo la base fundamental de la sociedad que es la familia: drogadicción, potestades de inmoralidad, espíritus de violencia, corrupción, terrorismo, divorcio, pornografía, delincuencia.

El creyente debe procurar la unidad nacional y el respeto de los derechos humanos.

El principio divino que norma la conducta cristiana es, básicamente, no atacar jamás al hombre, así sea alguien que nos rechace, nos aborrezca o nos ultraje. Jesús exigió enfáticamente que a nadie pagásemos mal por mal: «Y como queréis que hagan los hombres con vosotros, así también haced vosotros con ellos. Porque si amáis a los que os aman, ¿qué mérito tenéis? Porque también los pecadores aman a los que los aman. Y si hacéis bien a los que os hacen bien, ¿qué mérito

> Una terrible batalla se está librando contra los principados que están carcomiendo la base fundamental de la sociedad que es la familia: drogadicción, potestades de inmoralidad, espíritus de violencia, corrupción, terrorismo, divorcio, pornografía, delincuencia.

tenéis? Porque también los pecadores hacen lo mismo. Y si prestáis a aquellos de quienes esperáis recibir, ¿qué mérito tenéis? Porque también los pecadores prestan a los pecadores, para recibir otro tanto. Amad, pues, a vuestros enemigos, y haced bien, y prestad, no esperando de ello nada; y será vuestro galardón grande, y seréis hijos del Altísimo; porque él es benigno para con los ingratos y malos. Sed, pues, misericordiosos, como también vuestro Padre es misericordioso» (Lucas 6.31-36).

Estos son los imperativos esenciales que exige el verdadero evangelio. Si alguno se cree religioso y no practica estos principios, el tal puede caer en la hipocresía.

EN TODO, AMOR

Dentro de la iglesia cristiana, protestante o evangélica hay una gran variedad de movimientos afines en lo fundamental aunque con énfasis variados en lo no esencial. Así, se reconocen las iglesias Bautista, Metodista, Presbiteriana, Asambleas de Dios, Menonita, Nazarena, Iglesia de Dios y una importante variedad que podrían clasificarse bajo el nombre genérico de pentecostales, independientes o interdenominacionales.

Algunos de estos movimientos son considerados históricos, conservadores, renovados y/o carismáticos.

Como individuos hermanados por la misma fe y pertenecientes a alguno de estos grupos, tenemos el deber de apoyarlos y fortalecer sus objetivos, dando una imagen de mayor unidad.

Esta pluralidad es lo que enriquece a la iglesia evangélica latinoamericana.

No se incluye entre los grupos antes mencionados a los mormones, Testigos de Jehová, Iglesia de la Unificación y otros movimientos religiosos que no comulgan con la doctrina apostólica y cuya posición radical y confusa las hace semejantes a otras agrupaciones sectarias.

Los creyentes tenemos el gran desafió del alcance de una verdadera unidad corporal, lo cual representa la premisa insustituible para la realización de los sueños proféticos para la evangelización mundial.

El Señor dijo: «Para que todos sean uno; como tú, oh Padre, en mí, y yo en ti, que también ellos sean uno en nosotros; para que el mundo crea que tú me enviaste» (Juan 17.21).

Debemos tomar en consideración que en cuanto haya mejores y respetuosas relaciones Iglesia-Estado la cristalización de estos anhelos se facilitarán y habrá mejores resultados.

Cesar (es decir, el gobierno) haciendo lo suyo y la Iglesia trabajando en la gran comisión de salvación de almas y en el campo de la asistencia social.

Los movimientos netamente evangélicos consolidan su unidad espiritual merced a su fundamento cristocéntrico, poniendo en segundo término sus diferencias de interpretación doctrinal.

Un lema muy usual es el siguiente: «En lo que nos diferencia, respeto; en lo que coincidimos, compañerismo; en lo esencial, unidad; en lo no esencial, libertad; y en todo, amor».

Volviendo al capítulo 13 de Romanos, debemos estar sujetos a las autoridades que nos gobiernan, no dejando de orar por ellas para que sean más justas y honestas, y a medida que nuestra intercesión se intensifique, veremos los resultados. O se mejoran o Dios las removerá.

EL QUITA Y PONE REYES

Consideramos que dos de las fórmulas de las que disponemos para combatir la injusticia social, la manipulación del poder, las riquezas inexplicables, el engaño político, la depravación moral y la conducta corrompida en las esferas de gobierno son: orar por dichas autoridades y una mayor participación en tales esferas, procurando el apostolado político además del ejercicio del sufragio.

4

COMANDANTES POLICÍACOS REDIMIDOS

El Nuevo Testamento nos da testimonio de la fe y salvación de varios centuriones, como Cornelio, de la compañía llamada La Italiana, cuya conversión abrió la puerta para la salvación del mundo gentil.

El centurión era un oficial del ejército romano que comandaba un pelotón de cien soldados o más.

El capítulo 10 de los Hechos relata con gran énfasis y particularidad la experiencia sobrenatural en torno al centurión llamado Cornelio. La crónica está matizada con intervenciones angelicales y un igualmente histórico comienzo del bautismo en el Espíritu Santo a los gentiles. Estos son hechos trascendentales realizados por el Señor usando precisamente a un impopular hombre del gobierno romano. Están también el centurión Julio que es el que conduce a Pablo a Roma (Hechos 27.1); dos que manifestaron su fe en Capernaum, (Mateo 8.5 y Lucas 7.5) y otro cercano a la cruz del Calvario (Mateo 27.54).

EL CENTURIÓN DE CAPERNAUM

«Después que hubo terminado todas sus palabras al pueblo que le oía, [Jesús] entró en Capernaum. Y el siervo de cierto centurión, a quien éste apreciaba mucho, estaba enfermo y a punto de morir. Cuando el centurión oyó hablar de Jesús, le envío unos ancianos de los judíos, rogándole que viniese y sanase a su siervo. Y ellos vinieron a Jesús, le rogaron con solicitud, diciéndole: Es dingo de que le concedas esto; porque ama a nuestra nación, y nos edificó la sinagoga» (Lucas 7.2-5).

En algunos de nuestros países, un comandante de la policía tiene bajo su mando entre 10 y 20 hombres lo cual le da cierta fuerza y prestigio. Un centurión romano, en cambio, tenía una posición mucho más influyente pues comandaba a un grupo de 100 o más, lo que le daba gran ascendiente político en el contexto del gobierno imperial que en ese tiempo dominaba sobre casi toda Europa.

Si en la actualidad a un comandante policiaco se le ocurriera ofrecer una ofrenda especial para edificar un auditorio cristiano es casi seguro que la mayoría de los creyentes rechazarían este tipo de ayuda ante el temor que ese dinero procediera de dudosas fuentes. Sin embargo, en el caso que nos ocupa, los ancianos de Israel lo justificaron precisamente por ese hecho. Le dijeron a Jesús: «Es digno de que le concedas esto, porque ama a nuestra nación [léase comunidad cristiana] y nos edificó una a sinagoga». ¿Sería el sueldo de este centurión suficiente para financiar la inversión que implicaba la construcción de un edificio religioso como el aludido? ¿O tuvo que recurrir a sus «ahorros»? No lo sabemos.

La expresión «es digno» apela a ciertos méritos de fe y acciones recomendables que obraron a favor de la conducta, más que moral, bien intencionada, de este comandante.

Jesús por su parte, lejos de reprochar este argumento, les escucha con interés y aprobándoles su dicho, responde a ellos sanando y elogiando la actitud y fe de aquel discutible personaje.

¿Habrá interés en el cielo por la salvación de los gobernantes? ¡Por supuesto que sí!

EL APOSTOLADO DE PABLO

En el relato de la conversión de Saulo de Tarso se puede notar que en las palabras que Jesús da a Ananías sobre el llamamiento de este hombre, hace referencia a los gobernantes. Le dice: «Ve, porque instrumento escogido me es éste, para llevar mi nombre en presencia de los gentiles, y de reyes, y de los hijos de Israel» (Hechos 9.15).

La comisión la presenta el Señor en tres enfoques distintos:

1. A los gentiles (inconversos)

2. A los reyes (gobernantes)

3. A los hijos de Israel (pueblo de Dios)

Y el llamado es con la finalidad de que «abras sus ojos, para que se conviertan de las tinieblas a la luz, y de la potestad de Satanás a Dios, para que reciban, por la fe que es en mí, perdón de pecados y herencia entre los santificados» (Hechos 26.18).

Indudablemente, Dios desea también perdonar los pecados a los políticos y hacerlos dignos de la herencia entre los santificados. Así lo afirma Pablo en 1 Timoteo 2.1-4:

«Exhorto ante todo, a que se hagan rogativas, oraciones, peticiones y acciones de gracias, por todos los hombres; por los reyes y por todos los que están en eminencia, para que vivamos quieta y reposadamente en toda piedad y honestidad. Porque esto es bueno y agradable delante de Dios nuestro Salvador, el cual quiere que todos los hombres sean salvos y vengan al conocimiento de la verdad».

¿POR QUÉ RESPETAR A LA AUTORIDAD?

En su exhortación a los creyentes de todos los tiempos (desde hace casi 2000 años) Pablo antepone un requerimiento divino referente a que todas sus peticiones y ruegos incluyan principalmente a los reyes (presidentes) y a los que están en autoridad o en eminencia, (gobernadores, diputados, senadores, concejales, jueces, propietarios de medios de comunicación masiva, líderes sociales, empresariales, sindicales y, naturalmente, autoridades religiosas o espirituales).

El Espíritu Santo subraya lo anterior:

Primero, porque al respetar este principio bíblico y su consecuente orden espiritual el resto de los hombres que estamos bajo autoridad disfrutaremos los resultados de mantener y honrar la disciplina establecida por Dios: «Paz entre gobernantes y gobernados».

Segundo, porque en su infinita misericordia, Dios anhela la salvación masiva de la humanidad, incluidos los reyes y gobernantes, (2 Pedro 3.10 además del citado 2 Timoteo 2.4). Él quiere que todos los hombres sean salvos.

Tercero, el maligno se mueve en medio del desorden; cuando logra romper el orden de autoridad dispuesto por Dios, facilita su trabajo de matar, robar y destruir. Un pueblo no obediente a las leyes de los hombres y a sus autoridades es un pueblo rebelde, que se mueve en sintonía con el inspirador de la desobediencia.

> Un principio divino es respetar la disciplina y el orden de autoridad. Un principio satánico es quebrantar dicho orden.

Precisamente el primer pecado que mancilló la santidad de las regiones celestiales fue la soberbia y la rebeldía. El arcángel Luzbel no aceptó someterse a la divina autoridad y quiso igualarse a Él.

Un principio divino es respetar la disciplina y el orden de autoridad. Un principio satánico es quebrantar dicho orden.

La máxima autoridad universal es el Señor Dios Todopoderoso. Hay otras autoridades tanto espirituales como eclesiásticas. Igualmente están las autoridades seculares o de gobierno.

Todas, sin excepción, están bajo el señorío de Cristo, el Hijo de Dios.

Debemos estar sometidos a ellas, excepto cuando exijan contravenir los principios bíblicos, como fue el caso de adoración de ídolos exigida por Nabucodonosor en Daniel 3.14-18, o cuando los ancianos de Israel y las autoridades romanas pretendieron impedir a los apóstoles predicar el evangelio de Jesucristo. En tal caso, tendríamos que responder como ellos lo hicieron: «Nos es necesario obedecer a Dios antes que a los hombres» (Hechos 4.19-20).

Cuarto, muchas veces la religiosidad cauteriza la conciencia, lo cual impide percibir verdaderos conceptos espirituales, como el caso particular de 1 Timoteo 2.1-4 donde Pablo nos manda como prioridad ministrar a las autoridades, cosa que no solo no aceptan algunos sino que lo rechazan tajantemente.

El fanatismo obstaculiza considerar otras posiciones doctrinales, y las actitudes radicales ciegan el libre albedrío. Además, en la mayoría de los casos, el fanatismo es intolerante, intransigente y contencioso. Jesucristo dijo a los fariseos: «De oído oiréis, y no entenderéis; y viendo veréis, y no percibiréis. Porque el corazón de este pueblo se ha engrosado, y con los oídos oyen pesadamente» (Mateo 13.14-15).

El corazón de los políticos es tierra fértil y deseable para sembrar la simiente del evangelio. No así el de algunos religiosos, cuya cerrazón obstaculiza la percepción de lo que es verdadero.

SENSIBILIDAD DE MUCHOS PUBLICANOS

Jesús sentenció precisamente a los fariseos diciéndoles que «sus tradiciones invalidan la Palabra». También en una ocasión dijo a los principales sacerdotes y ancianos del pueblo: «De cierto os digo, que los publicanos y las rameras van delante de vosotros al reino de Dios. Porque vino a vosotros Juan en camino de justicia, y no le creísteis; pero los publicanos y las rameras le creyeron» (Mateo 21.31-32).

Y en Lucas 3.12 leemos: «Vinieron también unos publicanos para ser bautizados, y le dijeron [a Juan el Bautista]: Maestro, ¿qué haremos? Él les dijo: No exijáis más de lo que os está ordenado». La idea que parece subyacer en este breve diálogo es que los publicanos andaban tras algún tipo de prebenda o beneficio material y que Juan, al entenderlo así, se apresuró a desalentarlos.

> El corazón de los políticos es tierra fértil y deseable para sembrar la simiente del evangelio. No así el de algunos religiosos, cuya cerrazón obstaculiza la percepción de lo que es verdadero.

Caso muy semejante a este sucede un poco más adelante en el mismo evangelio (7.29-30): «Y todo el pueblo y los publicanos, cuando lo oyeron, justificaron a Dios, bautizándose con el bautismo de Juan. Mas los fariseos y los intérpretes de la ley desecharon los designios de Dios respecto de sí mismos, no siendo bautizados por Juan». Esto constituye realmente una clara evidencia de la disposición que hay en el corazón de los publicanos respecto de los hombres legalistas o de espíritu religioso como los fariseos, cuya influencia nefasta sigue operando en nuestros días.

Definitivamente que en el cielo prevalece gran interés por la salvación de los políticos.

En algunas ocasiones, como lo señalamos renglones antes, los publicanos se mostraron más sensibles y abiertos que algunos religiosos. Y Dios justificó más sus oraciones de contrito arrepentimiento que las de muchos fariseos, lo cual se comprueba al leer Lucas 18.10-14: «Dos hombres subieron al templo a orar: uno era fariseo, y el otro era publicano [político]. El fariseo, puesto en pie, oraba consigo mismo de esta manera: Dios, te doy gracias que no soy como los otros hombres, ladrones, injustos, adúlteros, ni aun como este publicano; ayuno dos veces a la semana, doy diezmos de todo lo que gano. Mas el publicano, estando lejos, no quería ni aun alzar los ojos al cielo, sino que se golpeaba el pecho, diciendo: Dios, sé propicio a mí, pecador. Os digo que este descendió a su casa justificado antes que el otro; porque cualquiera que se enaltece, será humillado; y el que se humilla será enaltecido».

Que nadie se sorprenda cuando en el avivamiento que se acerca a Latinoamérica muchos políticos sean protagonistas de los más grandes eventos de expansión evangelizadora.

Con el contenido del testimonio siguiente usted se podrá convencer que efectivamente Dios está interesado en la salvación de los hombres que están en eminencia.

Suspensión de una gran campaña de evangelización para favorecer a un político de primera línea

En Hechos 8.26-40 leemos acerca de la insólita orden que el Espíritu Santo da a Felipe, quien estaba siendo usado en un poderoso avivamiento en la ciudad de Samaria.

Era la primera cruzada de evangelización que se efectuaba fuera de Jerusalén después de Pentecostés, pero en medio de ella, un ángel del Señor le cambió los planes a Felipe. Le ordenó que diera por terminada la campaña en virtud de que había sobrevenido una urgencia mayor: ministrar y conducir a los pies de Jesucristo a un importante político africano.

Así lo relata el pasaje citado: «Un ángel del Señor habló a Felipe, diciendo: Levántate y ve hacia el sur, por el camino que desciende de Jerusalén a Gaza, el cual es desierto. Entonces él se levantó y fue. Y sucedió que un etíope, eunuco, funcionario de Candace reina de los etíopes, el cual estaba sobre todos sus tesoros, [¿secretario de Hacienda y Crédito Público?] y había venido a Jerusalén para adorar, volvía sentado en su carro, y leyendo al profeta Isaías. Y el Espíritu dijo a Felipe: Acércate y júntate a ese carro. Acudiendo Felipe, le oyó que leía al profeta Isaías, y dijo: Pero ¿entiendes lo que lees? El dijo: ¿Y cómo podré, si alguno no me enseñare? Y rogó a Felipe que subiese y se sentara con él. El pasaje de la Escritura que leía era este: Como oveja a la muerte fue llevado; y como cordero mudo delante del que lo trasquila, así no abrió su boca. En su humillación no se le hizo justicia; mas su generación, ¿quién la contará? Porque fue quitada de la tierra su vida. Respondiendo el eunuco, dijo a Felipe: Te ruego que me digas: ¿de quién dice el profeta esto; de sí mismo, o de algún otro? Entonces Felipe, abriendo su boca, y comenzando desde esta escritura, le anunció el evangelio de Jesús».

Este hecho nos revela claramente la importancia que tiene para Dios la salvación de un funcionario público.

No se interrumpe así no más una campaña de salvación y milagros tan fructífera como la que llevaba a cabo Felipe en Samaria. El impacto de esta cruzada de evangelización rebasó los límites de aquella ciudad y de las ciudades vecinas, de donde venían para oír y ver lo que acontecía; sin embargo, sobrevino un repentino cambio de planes.

Solo Dios conoce las urgencias evangelizadoras. El incidente de Felipe y el eunuco etíope nos confirma que los políticos ocupan una destacada prioridad en los planes redentores de Dios.

Algo parecido ocurre en el avivamiento de la iglesia de Antioquía según nos lo relata Hechos 13.6-12. Allí abundaba el ministerio profético y de enseñanza, y el Espíritu Santo vuelve a participar directamente, apartando a Bernabé y a Saulo para una encomienda especial (vv. 2-4). En su inicio, dicha comisión se refiere precisamente a la salvación del político chipriota llamado Sergio Paulo, quien desempeñaba un importante cargo diplomático.

Es precisamente en esta ciudad de Antioquía donde la obra de Dios es impulsada por ministerios surgidos de prominentes personajes de la clase social y política alta de aquellas regiones, tales como Bernabé, Simón el Níger, Lucio de Cirene, Manaén el que se había criado junto con Herodes el tetrarca y el propio Saulo de Tarso.

Prejuicios político-religiosos

En esta época de transición milenial es en verdad complicado ministrar a un político. Existen grandes barreras que se levantan entre ellos, su entorno y el cristianismo auténtico.

Básicamente, la mayoría de ellos se desenvuelven en un medio lleno de vanidades, fama y opulencia. Muchos, sin embargo, creen en su corazón en el Dios Todopoderoso y en su Hijo Jesucristo. En sus campañas políticas, en su labor proselitista y en su contacto con la ciudadanía han palpado el creciente número de creyentes en sus regiones gobernadas.

Se sabe, asimismo, que otros políticos han sido testigos de milagros de conversión o sanidades que se han operado en amigos y/o familiares; pero su temor a la reacción que pudiera provocar su confesión en otros grupos religiosos más fuertes, además de otras presiones, les impide hacer una decisión de entrega total.

En Juan 12.42 se dice que «Aun de los gobernantes, muchos creyeron en él; pero a causa de los fariseos no lo confesaban, para no ser expulsados de la sinagoga. Porque amaban más la gloria de los hombres que la gloria de Dios».

> Para poder establecer buena relación y amistad con los gobernantes no tenemos que exigir de ellos que sean creyentes consagrados o imponerles condiciones espirituales para aceptarlos como simpatizantes del evangelio.

En efecto, muchos de ellos creían en Jesús como comienza a suceder ahora, pero siguen existiendo para ellos obstáculos, prejuicios, temores y presiones que les impiden ser creyentes practicantes.

Para poder establecer buena relación y amistad con los gobernantes no tenemos que exigir de ellos que sean creyentes consagrados o imponerles condiciones espirituales para aceptarlos como simpatizantes del evangelio. Como iglesia activa y ejecutora de continuos programas y planes de evangelización en cada rincón del país y en los diferentes estratos de nuestra sociedad, es mucho más ventajoso contar con un gobernante amigo que con un político aliado de nuestros perseguidores.

Si no, volvamos a la Historia y recordemos que Daniel no trabajó como segundo de un Nabucodonosor consagrado ni de un Darío santo; ni José fue el gobernador de un Faraón fervoroso, ni Mardoqueo y Ester sirvieron a un rey Asuero modelo de espiritualidad, sino que tal como vivieron en el medio político fueron factores de gran provecho y en algunos casos determinaron la restauración del pueblo creyente, «según la benéfica mano del Señor sobre ellos».

> Como iglesia activa y ejecutora de continuos programas y planes de evangelización en cada rincón del país y en los diferentes estratos de nuestra sociedad, es mucho más ventajoso contar con un gobernante amigo que con un político aliado de nuestros perseguidores.

Cuando un gobernante es escogido y usado por Dios para beneficiar al pueblo cristiano no tiene que ser necesariamente un consumado teólogo ni mucho menos un fanático creyente; simplemente puede ser un hombre cuyo corazón simpatice con ellos y que pueda gobernar con equidad y justicia.

No debe descartarse la posibilidad que los gobernantes experimenten la salvación en estos tiempos de visitación. Incluso hay diputados y senadores de extracción protestante y aunque no representan precisamente los intereses y derechos de sus correligionarios, ya que fueron nominados por sus corrientes sindicales o por sus grupos políticos y no por las instituciones religiosas a las que pudieran pertenecer, de cualquier manera su voz constituye una esperanza en la perspectiva evangélica.

5

LAS SEÑALES

A los grandes hombres bíblicos o, «varones de renombre» como los llama el libro de Génesis (6.4), los identifican las proezas sobrenaturales que realizaron en su tiempo. O bien, como leemos en la carta a los Hebreos 2.4: «Testificando Dios juntamente con ellos, con señales y prodigios y diversos milagros y repartimientos del Espíritu Santo según su voluntad».

Aquellos hombres de fe se valieron de verdades contundentes para imponer la autoridad de Dios en la tierra y para que las gentes creyeran su mensaje. Más que los sacerdotes, fueron los profetas y caudillos o dirigentes civiles los que se vieron envueltos en la práctica y ejecución de eventos que van más allá del ámbito religioso y de los cinco sentidos, a fin de poder demostrar al pueblo y a los gobernantes la autenticidad de su ministerio.

MOISÉS Y LOS ANTIGUOS

Es interesante el diálogo que se produce entre el caudillo Moisés y Dios cuando éste lo quiere enviar a Egipto a liberar a su pueblo.

En Éxodo 3.11, Moisés objeta: «¿Quién soy yo para que vaya a Faraón, y saque de Egipto a los hijos de Israel?» La respuesta de Dios es contundente: «Ve, porque yo estaré contigo» (3.12). Y en 4.8 añade: «Si aconteciere que no te creyeren ni obedecieren a la voz de la primera señal, creerán a la voz de la postrera». Y en 4.17: «Y tomarás en tu mano esta vara, con la cual harás las señales». Y en 4.30-31: «Y habló Aarón acerca de todas las cosas que Jehová había dicho a Moisés, e hizo las señales delante de los ojos del pueblo... y el pueblo creyó». Es decir, la autoridad con la que Dios revistió a Moisés para cumplir la dedicada encomienda de liberación nacional quedó cabalmente demostrada tanto ante Faraón como ante el pueblo por medio de las señales y actos prodigiosos que llevó a cabo y que narra detalladamente el libro del Éxodo.

SEÑALES EN JOSÉ Y DANIEL

Fue la misma característica sobrenatural que distinguió el desarrollo de la carrera política de José el soñador y de Daniel a quienes Dios les concedió espíritu de sabiduría y de revelación explicado con toda propiedad en Daniel 2.27-28: «El misterio que el rey demanda, ni sabios, ni astrólogos, ni magos, ni adivinos lo pueden revelar al rey. Pero hay un Dios en los cielos el cual revela los misterios... He aquí tu sueño, y las visiones que has tenido en tu cama».

El asunto al que se hace referencia en este pasaje se relaciona con un sueño terrible que tuvo Nabucodonosor en su segundo año de reinado. A consecuencia de ese sueño, se turbó su espíritu impidiéndole volver a dormir. No obstante que lo había olvidado, Dios le reveló a Daniel tanto el sueño como su interpretación, a partir de lo cual se le abrieron las puertas para entrar en el terreno político del más alto nivel en el impresionante imperio babilónico.

Coincidentemente, Dios usa la misma estrategia para llevar a su siervo José de las cárceles y la vergüenza pública a los primeros planos de la alta clase gobernante del imperio egipcio.

Señales, señales, señales, fueron los vehículos que usaron los grandes héroes de la fe para dar a conocer la fuerza de su apostolado:

1. Josué, sucesor de Moisés, afirmó su liderazgo por medio de prodigiosas señales como detener el sol y la luna y derribar sin dinamita las fortalezas de los muros de Jericó (Josué 6 y 10.12-13).

2. Sadrac, Mesac y Abed-Nego, después del milagro de haber sido librados de la muerte en el horno de fuego ardiente, el rey Nabucodonosor «los engrandece políticamente en la provincia de Babilonia» (Daniel 3.30).

3. Eliseo, después de recibir la unción de Dios por medio del manto de Elías, se proyecta inmediatamente como profeta y hombre de Dios, abriendo las aguas del río Jordán (2 Reyes 2.8), resucitando al hijo de la sunamita (2 Reyes

4.18-37) sanando de lepra a Naamán el general del ejército sirio (2 Reyes 5.8-14).

4. Elías, antecesor de Eliseo, a fin de manifestar su autoridad como líder, explica su autenticidad en 2 Reyes 1.9-12:

> «Luego [el rey Ocozías] envió a él un capitán de cincuenta con sus cincuenta, el cual subió a donde él estaba; y he aquí que él estaba sentado en la cumbre del monte. Y el capitán le dijo: Varón de Dios, el rey ha dicho que desciendas. Y Elías respondió y dijo al capitán de cincuenta: Si yo soy varón de Dios, descienda fuego del cielo, y consúmate con tus cincuenta. Y descendió fuego del cielo, que lo consumió a él y a sus cincuenta».

Tal fue la forma que muchos profetas usaron para demostrar que ellos venían de parte de Dios.

El día que se presentó la oportunidad de establecer la diferencia entre los falsos profetas (de Baal) y el profeta de Dios, no fue precisamente a través de un concurso de conocimiento ni de grandes sermones, sino sencillamente de señales.

Así lo declara Elías en 1 Reyes 18.24: «Invocad luego vosotros el nombre de vuestros dioses, y yo invocaré el nombre de Jehová; y el Dios que respondiere por medio de fuego, ése sea Dios».

A través del cumplimiento de esta señal, Elías demuestra que Jehová es Dios y da muerte a los 450 profetas enemigos.

5. Ezequiel, Jeremías, Isaías, Sansón, Joel, Samuel y otros grandes del Antiguo Testamento demostraron de parecida

manera su perfil sobrenatural ante gobernantes y pueblo
civil para dejar en evidencia su llamamiento divino.

SEÑALES EN JESÚS Y LOS APÓSTOLES

Así precisamente lo declara Nicodemo a Jesús: «Nadie puede
hacer estas señales que tú haces, si no está Dios con él» (Juan
3.2). Jesús está tan convencido de esta verdad que inicia su
ministerio precisamente con una señal. En las bodas de Caná de
Galilea convierte el agua en vino, tal como lo registra Juan 2.11:
«Este principio de señales hizo Jesús en Caná de Galilea, y
manifestó su gloria; y sus discípulos creyeron en él». Y el
versículo 23 dice: «Muchos creyeron en su nombre viendo las
señales que hacía».

6. Natanael y la mujer samaritana creyeron en Él por la señal
de la palabra de conocimiento que les manifestó, descu-
briendo parte de sus vidas (Juan 1 y 4).

7. Jesús le dice al «noble» que trabajaba en la corte del rey:
«Si no viereis señales y maravillas no creeréis» (Juan 4.48).

8. Iniciaba Jesús su ministerio y ya ganaba una gran popula-
ridad. «Y le seguía una gran multitud, porque veían las
señales que hacía en los enfermos» (Juan 6.2).

9. Ante sus detractores, el argumento al que Jesús apeló para
demostrar su procedencia celestial fue precisamente la
obra sobrenatural de las señales; así, en Juan 10.37-38
leemos lo siguiente: «Si no hago las obras de mi Padre, no
me creáis. Mas si las hago, aunque no me creáis a mí, creed

a las obras, para que conozcáis y creáis que el Padre está
en mí, y yo en el Padre».

10. Conociendo la eficacia redentora de los milagros y su
poder de convencimiento, el mismo Señor envía a sus
discípulos; primero a los doce (Mateo 10.6-9) y luego a los
70 (Lucas 10.9) a establecer el reino de Dios a través de las
señales. «Sanad enfermos, limpiad leprosos, resucitad
muertos, echad fuera demonios» (Mateo 10.8).

Jesús no los envió con un cuaderno de bosquejos homiléticos, ni
con grandes secretos teológicos, sino con una poderosa unción
de operación de milagros.

SEÑALES EN LOS CREYENTES

11. Antes de ascender al cielo y a propósito de esta relevancia
ministerial, Jesús subraya a sus seguidores la importancia
de lo sobrenatural. «Y estas señales seguirán a los que
creen: En mi nombre echarán fuera demonios; hablarán
nuevas lenguas; tomarán en las manos serpientes, y si
bebieren cosa mortífera, no les hará daño; sobre los
enfermos pondrán sus manos, y sanarán. Y el Señor,
después que les habló, fue recibido arriba en el cielo, y se
sentó a la diestra de Dios. Y ellos, saliendo, predicaron en
todas partes, ayudándoles el Señor y confirmando la
palabra con las señales que la seguían. Amén» (Marcos
16.17-20).

12. En 1 Corintios 2.1, 4-5, el apóstol Pablo resume este
importantísimo aspecto del cristianismo genuino de la

siguiente manera: «Así que, hermanos, cuando fui a vosotros para anunciaros el testimonio de Dios, no fui con excelencia de palabras o de sabiduría. Y ni mi palabra ni mi predicación fue con palabras persuasivas de humana sabiduría, sino con demostración del Espíritu y de poder, para que vuestra fe no esté fundada en la sabiduría de los hombres, sino en el poder de Dios». Y en 1 Tesalonicenses 1.5 leemos: «Pues nuestro evangelio no llegó a vosotros en palabras solamente, sino también en poder, en el Espíritu Santo y en plena certidumbre, como bien sabéis cuáles fuimos entre vosotros por amor de vosotros».

Definitivamente, de una u otra manera en el día de hoy tendremos que recurrir al uso y práctica de esta misteriosa cuanto eficaz manera de hacer la obra de Dios en la sociedad civil y ante los gobernantes. Oremos por ellos, y pidamos a Dios que nos dé palabra de sabiduría y de ciencia acerca de sus vidas y de sus necesidades y para que tengamos el valor y la autoridad espiritual de ministrarles y bendecirles tanto a ellos como a sus

> Ha habido ocasiones en que a nosotros los creyentes se nos ha concedido el privilegio de imponer las manos a gobernadores, parlamentarios, jueces y hasta presidentes.

familias. Muchas veces ellos recurren a brujos, adivinos y hechiceros para tratar de resolver parte de los problemas que arrastran; están urgidos de alguien que les dé una palabra de consuelo o de esperanza y ¿por qué no? una palabra de conocimiento que les descubra parte de sus vidas. Ha habido ocasiones en que a nosotros los creyentes se nos ha concedido el privilegio de imponer las manos a gobernadores, parlamentarios, jueces y hasta presidentes. Y es sorprendente ver cómo sienten la presencia de Dios en sus vidas. Si un día el Señor nos da una oportunidad así, hagámoslo con toda libertad; ellos tienen gran necesidad espiritual de una palabra de ánimo y bendición. Sería un gran bálsamo para sus vidas. La salvación de las gentes no depende de nuestro criterio ni de nuestra persuasión, sino, como dice la Escritura, el Espíritu Santo convence al mundo de pecado, de justicia y de juicio; y el Señor añade a la iglesia a los que han de ser salvos, trátese de albañiles, carpinteros, médicos, artistas, boxeadores, políticos.

LA IGLESIA PRIMITIVA

Para concluir este capítulo y a propósito de las señales, quisiera exponer la fórmula que Dios, a través de los creyentes, usó para el gran crecimiento de la iglesia primitiva.

La Biblia define como doctrina, entre otras cosas, la realización de sucesos sobrenaturales y manifestaciones del Espíritu que sobrepasan al mundo natural. Así entendemos el contenido de Marcos 1.27-28 donde se afirma que «todos se asombraron, de tal manera que discutían entre sí, diciendo: ¿Qué es esto? ¿Qué nueva doctrina es esta, que con autoridad manda aun a los espíritus inmundos, y le obedecen?»

El procónsul Sergio Paulo, un importante político al servicio de Roma, se convierte al cristianismo al ver la nueva doctrina de

Saulo de Tarso ante cuyos ojos este enceguece al mago Barjesús, quien estaba empecinado en obstaculizar la ministración de la Palabra al mencionado funcionario (Hechos 13.11,12).

El número de los discípulos se multiplica de una manera fenomenal, siempre a través de acontecimientos supranormales: Hechos 2.41. En el milagro espectacular del día de Pentecostés, donde, ante los ojos de millares, descendió el Espíritu Santo en forma de viento recio y de lenguas de fuego produciéndose la conversión de tres mil personas. Esta señal sobrenatural, así como la nueva y fresca unción derramada sobre el apóstol Pedro permitió la salvación de este primer gran número de creyentes.

❖ Hechos 4.4. Después del milagro hecho al cojo de nacimiento, por esta sola señal se convirtieron al Señor otras cinco mil personas.

❖ Hechos 4.29-30. El descubrimiento de las señales como la clave fantástica para la conversión masiva del mundo gentil fue tan convincente para los apóstoles, que así lo piden a Dios: «Concede a tus siervos que con todo denuedo hablen tu palabra, mientras extiendes tu mano para que se hagan sanidades y señales y prodigios mediante el nombre de tu santo Hijo Jesús».

❖ Hechos 5.12-16. Gracias a las muchas señales y maravillas «los que creían en el Señor aumentaban más, gran número así de hombres como de mujeres. Y aun de las ciudades vecinas muchos venían a Jerusalén, trayendo enfermos y atormentados de espíritus inmundos; y todos eran sanados». También muchos de los sacerdotes obedecían a la fe.

❖ Hechos capítulos 6.8: «Y Esteban, lleno de gracia y de poder, hacía grandes prodigios y señales entre el pueblo».

❖ Hechos 8.6 La mini diáspora provocada por la persecución anticristiana en Jerusalén ocasiona que al salir los discípulos hacia las ciudades vecinas se iniciara la explosión evangelizadora en el mundo gentil y precisamente se continuara con la misma estrategia usada tanto por Jesús como por los apóstoles para el establecimiento del cristianismo. «Y la gente, unánime, escuchaba atentamente las cosas que decía Felipe, oyendo y viendo las señales que hacía».

❖ Hechos 9.32-35. En la ciudad de Lida había un creyente paralítico llamado Eneas que tenía ocho años de estar enfermo. Pedro, sin que sus palabras constituyeran una oración sino más bien un mandato, le dijo: «Eneas, Jesucristo te sana; levántate, y haz tu cama. Y en seguida se levantó. Y le vieron todos los que habitaban en Lida y en Sarón, los cuales se convirtieron al Señor». Este solo milagro produjo la salvación de dos ciudades enteras. Sin congresos, ni campañas, ni seminarios, ni evangelismo explosivo, simplemente mediante la demostración del poder de Dios a través de una sola señal.

❖ Hechos 9.42. La resurrección de Dorcas fue notoria en toda la ciudad de Jope y muchos creyeron. Y precisamente esta fue la plataforma que Dios preparó para bendecir a los gentiles, comenzando por Cornelio. El milagro de Dorcas hizo que gran parte de esta ciudad se convirtiera.

Finalmente, fue tanto el crecimiento del evangelio gracias a las señales, que resultó muy difícil seguir contando el número de los nuevos convertidos, como al principio de los Hechos; más bien hubo que contar solo las iglesias que a diario se establecían: «Así que las iglesias eran confirmadas en la fe, y aumentaban en número cada día» (Hechos 16.5).

> Una fresca y poderosa unción habrá de descender sobre los creyentes para ir, con la autoridad de Dios, a predicarles a todos los hombres y a los que están en eminencia.

Indudablemente que el enfoque que la Escritura da a las señales que siguen a los creyentes de todos los tiempos resulta un incentivo para nosotros. A través de esta fórmula se determinó la diferencia entre los hombres de Dios, respecto de los falsos profetas. Como lo dijo Jesús: «Por sus frutos los conoceréis». Porque los emisarios del diablo tratan de imitar lo genuino de Dios, como los magos de Egipto que imitaron las primeras dos plagas (Éxodo 8). No hay duda que ellos tienen cierta habilidad limitada para producir señales y milagros engañosos, pero nunca podrán llegar a tener el poder de Dios. En cuanto a los creyentes, además de las señales que producen en el nombre de Jesucristo, también saben dar buenos frutos.

Una fresca y poderosa unción habrá de descender sobre los creyentes para ir, con la autoridad de Dios, a predicarles a todos los hombres y a los que están en eminencia. Pero para que esa unción se haga efectiva, debemos guardarnos «irreprensibles y sencillos, hijos de Dios sin mancha en medio de una generación maligna y perversa, en medio de la cual resplandecéis como luminares en el mundo» (Filipenses 2.15).

Dios requiere de hombres valientes y de iniciativa, que estén dispuestos a ser usados como vasos de honra en la sobreabundante cosecha que ya se avecina. «Porque no nos ha dado Dios espíritu de cobardía, sino de poder, de amor, y de dominio propio» (2 Timoteo 1.7). «El que en mí cree, las obras que yo hago, él las hará también; y aun mayores hará, porque yo voy al Padre» (Juan 14.12). «Y todo lo que pidieres en oración, creyendo, lo recibiréis» (Mateo 21.22). «Pero pide con fe, no dudando nada; porque el que duda es semejante a la onda del mar, que es arrastrada por el viento y echada de una parte a otra. No piense, pues, quien tal haga, que recibirá cosa alguna del Señor» (Santiago 1.6-7). «Pero sin fe es imposible agradar a Dios» (Hebreos 11.6). «Es, pues, la fe certeza de lo que se espera, la convicción de lo que no se ve» (Hebreos 11.1). Ciñe, pues, tus lomos, levántate y resplandece porque ha venido tu luz y el tiempo del cumplimiento de las grandes señales y prodigios ha llegado.

6

INTOLERANCIA Y ACTIVISMO EVANGÉLICO: ANTECEDENTES

El diccionario Larousse define la palabra «intolerancia» como una acción que denota violencia, insoportabilidad, odio por aquellos que difieren de una opinión o creencia.

Sinónimos de intolerancia son fanatismo e intransigencia.

En México, país del cual el autor de este libro es ciudadano, el entorno que su uso tiene en los discursos actuales basa su origen en mandamientos jurídicos que se hacen resaltar desde los primeros intentos del establecimiento de leyes y preceptos después de la conquista.

Así, «Las leyes de 1542 exigen la esclavitud y disponen expresamente un sometimiento a ellas, de los negros y de los indios». Esta idea de esclavitud y el derecho de someter a negros y a indios por la fuerza se hizo patente en diferentes documentos, uno de los cuales ordenaba lo siguiente: «Que sepan los indios que todos los hombres somos prójimos y que descienden de Adán y que reconozcan a la iglesia, al papa, al rey y a la reina como superiores a todos en estas tierras, por declaración pontificia». (La defensa de los derechos del hombre en América Latina, U.N.A.M. 1982 pp. 13 y 55).

Hay otras legislaciones posteriores, tales como «La Constitución de Cádiz» que se promulgó en España en 1812 y posteriormente en la Nueva España el 30 de septiembre del mismo año; «El acta constitutiva para la libertad de la América Mexicana», sancionada en Apatzingan el 22 de octubre de 1814; «El plan de Iguala y los tratados de Córdoba», de 1820; y finalmente la primera gran Constitución Política de los Estados Unidos Mexicanos donde se promulga la creación de la República Federal y del Senado, decretada el 4 de octubre de 1824.

En todas estas legislaciones se refleja una particularidad muy distintiva referente al fuero eclesiástico y al monopolio religioso, cuyo contenido lo expresa con gran claridad esta última constitución (la de 1824) de la siguiente manera: «Se considera a la religión católica, apostólica y romana como la única y suficiente en todo México, sin tolerancia de ninguna otra»; es decir, la práctica intolerante del gobierno de la Nueva España en cuestiones religiosas fue tan radical, que cualquier persona que confesara distinta fe religiosa se convertía automáticamente en delincuente constitucional.

PROTESTANTISMO
CONSTITUCIONALMENTE PROHIBIDO

Este estilo intolerante de los siglos posteriores a la conquista española en México, y en el que se practicaron terribles tácticas de persecución y tortura inquisitorial, impidió ya no sólo el crecimiento de la iglesia evangélica, sino aún su nacimiento.

El clero romano, utilizando sus recursos políticos y a entidades a su servicio, logró «institucionalizar» su poderosa influencia y su perfil dogmático mediante la práctica de la intolerancia.

Todavía en las llamadas "Siete leyes constitucionales" del 30 de diciembre de 1836, en el artículo 31 de la quinta ley, arreció la presencia de la intolerancia religiosa, siendo uno de sus principales defensores Antonio López de Santa Ana quien sufrió su caída definitiva durante la revolución de Ayutla.

Finalmente, en el congreso constituyente de 1856-1857 y después de prolongados debates, se impuso la ideología de los liberales sobre los conservadores, dando como resultado el surgimiento trascendental de la Constitución de 1857 cuyos protagonistas, encabezados por Don Benito Juárez, fueron Ignacio de Comonfort, León Guzmán, Coronel de Gorostiza, Ponciano Arreaga y Lerdo de Tejada, entre otros.

Estas leyes de reforma se destacaron principalmente por el derrumbe del universo teológico de la intolerancia y la abolición nacional de los bienes eclesiásticos.

Paralelamente, surgió el histórico inicio de la libertad de creencias y la tolerancia religiosa, al menos en letra de la ley, ya que no en el terreno de los hechos.

En materia religiosa, lo esencial y básico del modelo constitucional juarista fue asimilado por la Constitución Política de 1917 aún vigente y que en su artículo 24 incluye la libertad de creencias.

De manera que queda claramente establecido que en la República Mexicana hasta antes de Juárez, la iglesia evangélica no creció, ni siquiera pudo nacer, simplemente porque estaba constitucionalmente impedida. No obstante, hacia mediados del siglo XIX, ya se afirmaban los primeros grupos protestantes surgidos clandestinamente. El espíritu de la reforma constitucional en asuntos religiosos quedó impregnado en la mentalidad de la clase política encabezada por Juárez quien, según el escritor Gonzalo Báez Camargo, estaba tan gratamente impresionado por la civilidad e institucionalidad de la grey cristiana evangélica que llegó a afirmar que «del desarrollo del protestantismo depende la futura felicidad y prosperidad de mi nación y mi deseo es que se difunda entre el pueblo indio para que ya no gasten sus ahorros en ídolos sino en preparación cultural».

ACTIVISMO CÍVICO-PROTESTANTE

En el terreno de los hechos, los creyentes protestantes no pudieron declararse como tales sino hasta ya entrado el siglo XX, alcanzando rápidamente una muy destacada participación social en diferentes áreas de la comunidad e incluso una vez que sobrevinieron los cambios sociales confrontaron con estoicismo la defensa de la justicia y de su fe.

Algunos, unidos a liberales y masones, participaron en importantes etapas de la Revolución Mexicana.

Mucho antes de la reforma juarista de mediados del siglo XIX ya se sentía la influencia de los primeros protestantes venidos de Europa. Pareciera que esta fue la razón para que, a partir de 1571, se establecieran en el país los tribunales de la «Santa» inquisición.

El primer gran impulsor de la libertad para la lectura de la Biblia así como del activismo evangelizador fue el Dr. José María Luis Mora a quien se considera el padre del liberalismo mexicano y luchador social incansable en pro de la erradicación del dominio eclesiástico y de la educación nacional, entre muchas otras conquistas.

La gran valía cívica de los grupos protestantes quedó bien demostrada antes y después de la revolución de 1910, en virtud de la sobresaliente intervención de muchos de sus miembros, entre los cuales destacaron los anti-porfiristas José Rumbia Guzmán y Manuel Ávila, de la Iglesia Metodista; además, del general Ignacio Gutiérrez de la Iglesia Presbiteriana; el también general Pascual Orozco, de la Iglesia Congregacional, y uno de los principales caudillos de Francisco Villa; el zapatista José Trinidad Ruiz, escritor e intelectual de la Iglesia Metodista. Básicamente, la intervención de los evangélicos en estos movimientos sociales se limitó a niveles estrictamente ideológicos y administrativos.

El general norteño Venustiano Carranza, quien organizó el levantamiento contra el usurpador Victoriano Huerta, llevó a cabo su propósito concentrado con el nombre «Plan de Guadalupe» del 26 de marzo de 1913, en la hacienda del mismo nombre del estado de Coahuila. A pesar de que tenía conocimiento de que con Huerta se había alineado la burguesía y los industriales mexicanos como parte de la alta cúpula del clero romano, recobró fuerzas al recurrir a la ayuda de importantes facciones de la iglesia protestante, alcanzando finalmente el éxito y convirtiéndose en el primer jefe del ejército constitucionalista.

Dice el escritor Carlos Mondragón citando a Deborah Baldwin «que el sacerdote Francis Kelly calculaba que el cincuenta por ciento de quienes ocupaban puestos de importancia en el gobierno del flamante presidente Carranza habían sido educados en escuelas protestantes tanto de México como de los Estados Unidos. La evidencia de esta relación evangélicos-carrancismo», sigue diciendo Mondragón, «es el hecho de que Samuel Guy Inman, misionero norteamericano, fundó en 1920 la revista pro-carrancista: "La nueva democracia". Ya en 1908 había fundado en la ciudad de Piedras Negras, Coahuila, el Instituto del Pueblo, llegando a ser este uno de los principales centros del carrancismo. Inman recuerda que anteriormente, el propio Madero lo había invitado a unirse a su gobierno "para iniciar una serie de institutos semejantes". En este lugar, precisamente, Carranza había pronunciado su primer discurso como gobernador de Coahuila y posteriormente llegó a ser el mejor amigo del director».

> La evidencia de esta relación evangélicos-carrancismo», sigue diciendo Mondragón, «es el hecho de que Samuel Guy Inman, misionero norteamericano, fundó en 1920 la revista pro-carrancista: "La nueva democracia".

Funcionarios de extracción protestante aportaron la ideología y principios bíblicos, principalmente en el área de la educación, a los gobiernos de Carranza, de Álvaro Obregón (1921–1924) y del general Plutarco Elías Calles (1925–1928).

Con el objeto de sacar al país del extremo analfabetismo, Carranza dejó prácticamente en manos de los intelectuales protestantes la organización de la educación pública.

«Su primera medida», dice Carlos Mondragón, «fue crear la Dirección General de Educación Pública y nombrar como director general al metodista Andrés Osuna». Osuna, de amplia trayectoria como maestro normalista, fue director de la Escuela Normal de Coahuila en 1898 y director general de Instrucción Primaria.

Refiriéndose a Osuna, Deborah Baldwin dice que al iniciarse la revolución, una comisión presidencial lo instó a que se declarara leal al régimen porfirista, a lo cual él contestó: «Estaría dispuesto a hacerlo si cambiara de convicciones políticas con la facilidad con que cambio de saco». Poco después de este incidente abandonó el país, regresando solo para integrarse al proyecto pedagógico de la revolución constitucionalista invitado por el propio Carranza. En 1918 pasó a ocupar el cargo de gobernador provincial de Tamaulipas, siendo designado en la Secretaría de Educación otro educador protestante, el presbiteriano Eliseo E. García. Osuna llegó a ser posteriormente director general de Educación Pública del estado de Nuevo León (1929–1933) y miembro del patronato universitario.

Carranza designó también como rector de la Universidad Nacional de México al pastor metodista Alfonso Herrera. Herrera había sido condiscípulo de Moisés Sánchez en la Escuela presbiteriana, y después metodista. Llegó a ser también director de la Escuela Técnica Nacional de México.

Cuando Osuna encabezaba la Dirección General de Educación Pública y el metodista Alfonso Herrera era rector de la Universidad Nacional, el presbiteriano Moisés Sáenz ocupaba el cargo de director de la Escuela Nacional Preparatoria. Miembro activo de la Iglesia Presbiteriana, aunó a su militancia evangélica la actividad política y pública, así como la actividad intelectual. Egresado de las escuelas protestantes y doctorado en la Universidad de Columbia, donde estudio John Dewey, Sáenz fue, entre otras cosas, oficial mayor, subsecretario y titular de la Secretaría de Educación Pública. Posteriormente llegó a ser también director general de la Beneficencia Pública, presidente del Comité de Investigaciones Indígenas, así como ministro de México en Dinamarca y embajador de México en el Perú. Ocupaba este último cargo cuando murió en 1941.

Desde 1913, cuando se unió al carrancismo en el estado de Coahuila, su hermano Aarón Sáez también tuvo una destacada trayectoria en los medios políticos. Llegó a ser secretario particular y jefe del Estado Mayor del general Álvaro Obregón. Posteriormente, durante el gobierno de Pascual Ortiz Rubio, fue nombrado secretario de Educación Pública y ministro de Industria y Comercio.

Por otro lado, el creyente evangélico Vicente Lombardo Toledano, fundador del Partido Popular Socialista, deja también una histórica y brillante huella en la historia mexicana.

El escritor Carlos Mondragón se refiere, además, a otros destacados militantes de grupos evangélicos que, pese a la férrea oposición que tuvieron que enfrentar, fueron actores importantes en la historia de nuestro país.

Dice el sabio Salomón en el libro de Eclesiastés que «nada es nuevo debajo del sol» y tal parece que todas las cosas van y vienen siguiendo sus propios ciclos. Creemos que los evangélicos hemos llegado ahora a una nueva dimensión de participación social. Después de muchas décadas de letargo cívico, Dios ha sacudido ese marasmo y establecido las condiciones para la gran restauración participativa de la comunidad cristiana evangélica de México.

> El capítulo 28 de Deuteronomio habla claramente de la condición espiritual y social que debe disfrutar el creyente. El Señor bendecirá toda obra de sus manos.

No es que se pretenda tomar el poder político e imponer voluntades, ni mucho menos buscar posicionamientos ilícitos sino hacer uso de capacidades, cooperar en la impartición de justicia y sobre todo en el servicio social.

El capítulo 28 de Deuteronomio habla claramente de la condición espiritual y social que debe disfrutar el creyente. El Señor bendecirá toda obra de sus manos. Deberá ser cabeza y no cola. «Bendito serás tú en la ciudad, y bendito tú en el campo. Bendito el fruto de tu vientre, el fruto de tu tierra, el fruto de tus bestias, la cría de tus vacas y los rebaños de tus ovejas. Benditas serán tu canasta y tu artesa de amasar. Bendito serás en tu entrar, y bendito en tu salir» (vv. 3-6).

7

PARTICIPACIÓN CÍVICA Y LAS INSTITUCIONES

Tradicionalmente se ha calificado a la iglesia protestante como una agrupación de pequeñas «sectas» aisladas en los suburbios de las ciudades e integradas por gente de bajos recursos económicos y culturales.

¡Qué lejos de la realidad resultan estos conceptos!

Su verdadera posición está siendo ahora vindicada, ya que se va haciendo evidente, conforme pasa el tiempo, que un gran número de profesionistas, estudiantes, empresarios, personalidades del deporte, la política y las artes, están formando parte activa de un genuino cristianismo; amén de las multitudes de todos los niveles sociales y culturales de la comunidad latinoamericana que están engrosando las filas de la iglesia militante.

En algunos países, aunque en ocasiones las autoridades y sus instituciones menospreciaron el potencial electoral de la comunidad evangélica, ahora han optado por levantar sus propios candidatos y desatar ese gran volumen de votación a favor de tales representantes, llevándolos finalmente a las victorias electorales, ocupando curules, escaños, gubernaturas y hasta sillas presidenciales, como ha sido el caso de Guatemala, Corea del Sur, Filipinas, Nigeria, Colombia.

Lamentablemente, en el caso de Guatemala, la férrea estructura político-religiosa, naturalmente antagónica al protestantismo, terminó por derrumbar sin sólido argumento al entonces presidente Jorge Serrano Elías, a quien hasta ahora, pasadas dos décadas, aún no se le han podido demostrar los delitos imputados.

Sin duda que la experiencia de estas naciones servirá de modelo a otros países, donde sus gobiernos persisten en subestimar la influencia electoral evangélica.

ACELERADO CRECIMIENTO EVANGÉLICO

Merced al despertamiento espiritual que han experimentado, especialmente en los últimos diez años, un importante grupo de naciones centro y sudamericanas están alcanzando vertiginoso incremento numérico de sus comunidades evangélicas. Países como El Salvador, Guatemala, Nicaragua, Puerto Rico, Perú, Costa Rica, Argentina, Brasil, Colombia, están superando el 15, 30 y hasta el 40% de la población global.

MÉXICO: PRESENTE Y PROYECCIÓN

Se estima que para el año 2010 México tendrá cerca de 20 millones de creyentes evangélicos activos, es decir, estará representando aproximadamente el 18% de la población total estimada para ese tiempo. Considerando esta consumada fuerza votante del pueblo evangélico, resulta incongruente e irónico que nuestras autoridades persistan en minimizar la poderosa representatividad cultural, social y política de este influyente sector nacional. En virtud de los antecedentes de indiferencia oficial hacia el pueblo evangélico, se están instrumentando estrategias y consolidando su unidad con el firme propósito de estar cabalmente preparados para su eventual protagonismo en las elecciones presidenciales subsiguientes. Sin lugar a dudas, su gran fuerza electoral ha sido canalizada espontáneamente y sin presiones a favor tanto de las instituciones como del partido oficialista, sin que haya recibido, hasta ahora, ningún nivel de reciprocidad, por lo que, de continuar esta misma tendencia, se verá obligada a adoptar otras estrategias. Nuestros grupos

> Se estima que para el año 2010 México tendrá cerca de 20 millones de creyentes evangélicos activos; es decir, estará representando aproximadamente el 18% de la población total estimada para ese tiempo.

no creen en las cuotas de poder ni en hacer efectivas las llamadas «facturas políticas». Lo que sí creen es que merecen oportunidades donde se pueda demostrar que entre su gente hay, además de honestidad, probada capacidad.

Somos institucionalistas, respetamos cabalmente nuestras autoridades, amamos la justicia, porque la justicia engrandece a la nación. Somos gente de paz; pero esto de ninguna manera impide nuestras legítimas aspiraciones de poder ser representados en el Congreso, en el Poder Judicial e incluso en el Ejecutivo Federal.

Se necesitan voces que defiendan los derechos de los evangélicos en las esferas de gobierno.

¿En qué se basan los que afirman que con solo el 20% de evangélicos en una nación se puede determinar una victoria electoral?

EXCELENTES ACTIVISTAS

Durante más de veinte años hemos trabajado al lado de grupos de jóvenes y adultos en jornadas evangelizadoras de todo estilo y nivel y podemos asegurar que existen varias razones para respaldar lo que decimos. Una de ellas es que el creyente evangélico es un activista por excelencia. Está acostumbrado a predicar en las plazas, en los autobuses, en las calles, a tocar puertas. Su área de influencia siempre es amplia en el ambiente o lugar donde se desenvuelve. Por ejemplo, en una familia donde hay uno o dos creyentes, por su vocación de servicio y buena voluntad, ellos generalmente ejercen el liderazgo. Lo mismo sucede en las escuelas y centros de trabajo. Es decir, el carisma, la mansedumbre, y el espíritu servicial de muchos de ellos los hace aceptos en los diferentes núcleos sociales.

Otro factor que favorece es el que, mientras que los candidatos a elección popular de los diferentes partidos políticos realizan sus campañas proselitistas solo unos meses antes de los comicios electorales, los evangélicos constituyen un fervoroso movimiento que se mantiene activo y perseverante durante los

365 días del año. Tienen presencia y contacto continuo con los diferentes estratos de la comunidad.

Los pastores y los dirigentes conocen a sus fieles por nombre. Y estos, a su vez, siempre se están multiplicando, haciendo prosélitos y discipulándolos acerca del evangelio y los principios bíblicos conforme a la gran comisión delegada por el Señor a todo creyente. Realmente, representan a una iglesia vitalizada y activa.

Entre los servicios sociales más comunes y cotidianos que atienden regularmente se encuentran, además de los ordinarios dentro de los templos, los siguientes:

❖ Visitas a hospitales

❖ Ministerios carcelarios

❖ Servicios de ayuda social a menesterosos y marginados

❖ Dispensarios médicos gratuitos

❖ Centros de rehabilitación de drogadictos

❖ Comedores gratuitos

❖ Atención y reclutamiento de niños de la calle

❖ Ayuda personalizada a matrimonios en conflicto

❖ Conferencias sobre integración familiar

❖ Ministerios a favor del sector infantil

❖ Consejería y enseñanzas prácticas sobre valores éticos en escuelas, universidades, oficinas públicas, empresas privadas, hoteles, centros DIF.

La espontaneidad con la que ejercen cada día esta vocación constituye la penetrante fuerza social de la iglesia evangélica y cuya perspectiva resulta verdaderamente inmejorable.

De ninguna manera sus propósitos serán preponderantemente políticos ni económicos ni mucho menos de presunción o proselitismo electoral. Sencillamente es el resumen de la doctrina genuinamente cristiana, como dijo San Pablo: «Pues si anuncio el evangelio, no tengo por qué gloriarme; porque me es impuesta necesidad; y ¡ay de mí si no anunciare el evangelio! Por lo cual, siendo libre de todos, me he hecho siervo de todos para ganar a mayor número. Me he hecho a los judíos como judío, para ganar a los judíos; a los que están sujetos a la ley (aunque yo no esté sujeto a la ley) como sujeto a la ley, para ganar a los que están sujetos a la ley; a los que están sin ley, como si yo estuviera sin ley (no estando yo sin ley de Dios, sino bajo la ley de Cristo), para ganar a los que están sin ley. Me he hecho débil a los débiles, para ganar a los débiles; a todos me he hecho de todo, para que de todos modos salve a algunos. Y esto hago por causa del evangelio, para hacerme copartícipe de él» (1 Corintios 9.16; 19–23).

> Proverbios 25.19 afirma: «Como diente roto y pie descoyuntado es la confianza en el prevaricador en tiempo de angustia».

Por lo tanto, es un error seguir mostrando desinterés cívico hacia los cristianos evangélicos y, más que desinterés, sosteniendo actitudes que nos desconocen o nos oprimen. Se sabe de un grupo de evangélicos que procuró una entrevista con el candidato de cierto partido al gobierno estatal y este le dio una áspera respuesta negativa, diciendo: «Con los protestantes no quiero nada».

La historia ha demostrado que el perfil y principios de algunos partidos políticos son totalmente opuestos al protestantismo. Y que en cada elección se pone en evidencia la manipulación de cierta fracción cupular del clero a favor de tales candidatos.

Proverbios 25.19 afirma: «Como diente roto y pie descoyuntado es la confianza en el prevaricador en tiempo de angustia». Urge una postura más razonada, un voto de más conciencia y celo al exigir una administración pública más

> La Biblia exige a los gobernantes no torcer el derecho ni tomar soborno; porque el soborno ciega los ojos de las sabios y pervierte las palabras de los justos (Deuteronomio 16.19).

sana, justa y honesta. La Biblia exige a los gobernantes no torcer el derecho ni tomar soborno; porque el soborno ciega los ojos de las sabios y pervierte las palabras de los justos (Deuteronomio 16.19).

Éxodo 18.16-22 registra el sabio consejo que Jetro dio a Moisés, su yerno, para ejercer un buen gobierno. En los vv. 21 y 22, leemos: «Escoge tú de entre todo el pueblo varones de virtud, temerosos de Dios, varones de verdad, que aborrezcan la avaricia. Ellos juzgarán al pueblo en todo tiempo».

Sin embargo, si un partido político postulara un mejor candidato que el apoyado por grupos evangélicos, con toda honestidad nuestro deber sería votar por aquel que reúna las características exigidas por la ética bíblica. Decimos esto porque con tristeza nos hemos enterado de políticos creyentes en algunos partidos políticos latinoamericanos cuyo testimonio ha dejado mucho que desear, y de paso han sido tropiezo a los incrédulos y hacen que el camino de Dios y de la verdad sea blasfemado.

Estamos para forjar una mejor generación y apoyar una fuerza cívica de restauración nacional pero que nunca el respeto mutuo sea rebasado por la confrontación y la violencia ideológica. Los creyentes jamás debemos involucrarnos en contiendas violentas o calumniosas.

La Gran Comisión no se limita a predicar desde los púlpitos sino que trasciende a la enseñanza de «todo» lo que Jesús nos ha mandado, diciendo y haciendo su voluntad mediante una actitud participativa y de acción social.

LAICOS EVANGÉLICOS

El surgimiento de los laicos evangélicos en el escenario político nacional resulta una preciada alternativa que sin duda atraerá a un gran número de votantes y abstencionistas tanto católicos como protestantes que ven en los candidatos evangélicos una esperanza de restauración moralizadora en los ámbitos gubernamentales. En realidad, intuimos que el fanatismo intolerante hacia los miembros de nuestra comunidad de fe en América Latina no responde a una actitud deliberada del pueblo católico sino que se restringe mayormente a cierta elite de su jerarquía.

En la actualidad, pareciera que el mejor candidato es aquel que puede exhibir un curriculum vitae más impresionante tanto académico como profesional, personal y partidista; sin embargo, en los hechos ha quedado demostrado que en aras de un mejor estilo de vida de las grandes masas, los más envidiables pergaminos no han servido de mucho.

Según el patrón bíblico, la preparación y habilidad administrativa no son prioritarias aunque sí necesarias y útiles. La condición primordial más bien radica en la estatura moral y espiritual del gobernante según se comprueba en los pasajes de Génesis y Éxodo anteriormente mencionados. Y se ejemplifica fehacientemente en la historia curricular de los jueces y monarcas hebreos, algunos de los cuales cuidaban del ganado y trabajaban la tierra antes de ser gobernantes.

El político creyente debe estar totalmente entregado a la tarea de servir. Jesús dijo: «Los gobernantes de las naciones se enseñorean de ellas, y los que son grandes ejercen sobre ellas potestad. Mas entre vosotros no será así, sino que el que quiera hacerse grande entre vosotros será vuestro servidor, y el que quiera ser el primero entre vosotros será vuestro siervo; como el Hijo del Hombre no vino para ser servido, sino para servir, y para dar su vida en rescate por muchos» (Mateo 20.25-28).

> La Gran Comisión no se limita a predicar desde los púlpitos sino que trasciende a la enseñanza de «todo» lo que Jesús nos ha mandado, diciendo y haciendo su voluntad mediante una actitud participativa y de acción social.

Desde el principio, Dios le dio al hombre tanto la capacidad como la responsabilidad de gobernar:

❖ Sojuzgad la tierra (Génesis 1.28).

❖ Le hiciste [al hombre] señorear sobre las obras de tus manos; todo lo pusiste debajo de sus pies (Salmos 8.6).

Él nos ha capacitado con prudencia y sabiduría para que podamos gobernar nuestras propias vidas y, además,

❖ Nuestros hogares

❖ La iglesia

❖ La nación

Estas son las tres grandes y prominentes instituciones establecidas por Dios: Familia, Iglesia y Gobierno, dando a cada una de ellas esferas, atributos y responsabilidades muy específicas.

8

LA VOCACIÓN
DE SERVICIO

Desde los tiempos de la antigua Grecia se llegó a reconocer el importante papel de los gobernantes en el devenir histórico de los pueblos. Hasta se llegó a pensar que, bajo el concepto aristotélico del «zoon politikon» el hombre no es más que un animal político.

¿Quién es un político? Es alguien que se ocupa de la profesión política, la que a su vez se define como el acto de servir y gobernar a los pueblos.

Frente a este sano concepto de lo que es realmente el arte de hacer política, los creyentes hemos de reconocer que la Gran Comisión de nuestro Señor Jesucristo nos encomienda discipular a las naciones, por cuya razón es menester reflexionar sobre cómo alcanzar a quienes gobiernan esas complejas entidades sociales que conocemos como las naciones de la tierra.

Como lo afirma con toda precisión el escritor Guillermo Luna: «Debemos interesarnos en ganar a la clase gobernante porque la historia de las naciones y principalmente la historia de la iglesia nos demuestra que los cambios más profundos y duraderos ocurren generalmente de arriba hacia abajo en la escalera social. Por tanto, al no hacerlo, fuerzas oscuras pueden tomar ventaja en esa importantísima área».

> Desde hace poco menos de cincuenta años, en los Estados Unidos los cristianos empezaron a retirarse de las áreas de influencia política y social, dejando el lugar al secularismo, al materialismo y al humanismo.

Permítaseme ayudar a disipar algunas barreras emocionales que tradicionalmente nos han impedido, como cristianos, lanzarnos a esta desafiante tarea de evangelizar y discipular a los gobernantes y servidores públicos. Debemos dejar de pensar que ese no es nuestro llamado.

Los cristianos debemos ocuparnos de ganar a los gobernantes, porque fuera del plan de Dios no hay esperanza para los pueblos. Así de simple. Dag Hammarskjold, quien fuera secretario general de las Naciones Unidas, dijo: «No veo esperanza de paz permanente para el mundo. Nos hemos esforzado tanto por lograrla, que hemos fracasado miserablemente. A menos que haya una renovación espiritual a nivel mundial, la civilización está condenada a su destrucción».

Desde hace poco menos de cincuenta años, en los Estados Unidos los cristianos empezaron a retirarse de las áreas de influencia política y social, dejando el lugar al secularismo, al materialismo y al humanismo. Posteriormente se prohibió la oración a Dios en las escuelas, práctica que por años había constituido una maravillosa manera de moldear las vidas de infantes y jóvenes. Esta prohibición generó una avalancha de males sociales como la deserción escolar, la adicción a las drogas, la legalización del aborto, el aumento del crimen, la pornografía descarada, la desintegración familiar y la epidemia del sida.

El falso concepto que se tiene de la separación Iglesia-Estado ha originado una serie de males en el seno de esa importantísima entidad que es el gobierno. Ejemplo de ello es la escalada de trágicos vicios que se produjeron en los Estados Unidos después que se prohibió la práctica de la oración en las escuelas.

En realidad la historia nos demuestra como temible advertencia que los grandes imperios habidos en la humanidad cayeron estrepitosamente cuando sus fundamentos éticos y las sólidas bases espirituales se vieron carcomidas por el orín de la inmoralidad y la depravación.

No se trata de mezclar intereses eclesiásticos en las funciones o departamentos del gobierno sino de compartir principios y códigos de ética en las personas que administran esos programas.

¿Queremos en nuestros países latinos una generación espiritualmente sólida y socialmente protegida? ¡Incluyamos la oración y los valores éticos en nuestros sistemas educativos! Además, demos en nuestros ruegos e intercesiones una cobertura espiritual a quienes dirigen tales programas.

Si en las esferas políticas hay densas tinieblas, vamos a hacer que el resplandor de Jesucristo penetre en ella a través de la luz de cada creyente.

El Señor de ninguna manera ha cedido ese territorio a un enemigo vencido; al contrario, Él está esperando que su pueblo le pida la herencia de las naciones y los confines de la tierra. Además, exige de los jueces y gobernantes que acepten exhortación y consejos de quienes pueden darla, para que desde sus posiciones de gobierno sirvan al Señor con reverencia y efectividad.

Tal como lo afirma el Salmo 2.8, 10 y 11: «Pídeme, y te daré por herencia las naciones, y como posesión tuya los confines de la tierra. Ahora, pues, oh reyes, sed prudentes; admitid amonestación, jueces de la tierra. Servid a Jehová con temor, y alegraos con temblor. Para que no perezcáis en el camino».

Abiertamente, el Señor está exhortando a los políticos, jueces y reyes para que admitan el consejo y la amonestación de los que enseñan la Palabra y la justicia de Dios en la tierra.

UNA SOCIEDAD MUY LASTIMADA

En cuanto a los creyentes, los redimidos, los que hemos recibido de gracia el perdón de pecados y el regalo de la vida eterna, tenemos ante Dios y la sociedad un gran compromiso: Compartir con ellos, de gracia, esta gran salvación que hemos recibido. Ninguno tiene tanto amor, sino aquel que da su vida por sus amigos, por su prójimo y por todo aquel que está en necesidad.

Somos parte de una sociedad muy lastimada por la crisis, defraudada por algunos de sus dirigentes, herida por la violencia, los robos, los secuestros, los asesinatos y la inseguridad. Una sociedad despojada, fatigada y urgida de una esperanza real. Tal como yacía aquel hombre de la parábola del Buen Samaritano que contó Jesús en Lucas 10.30-34, nuestra sociedad ha sido despojada, herida y yace medio muerta. En la parábola, un sacerdote pasó junto al caído pero para no salirse de su rutina prefirió pasarse «a la acera de enfrente» y seguir su camino. El problema de aquel hombre moribundo era un asunto sin importancia para él. Exactamente lo mismo hizo otro religioso que apurado, caminaba rumbo a sus tareas cúlticas cotidianas. A ninguno de los dos le interesaba lo

> Debemos ser movidos a misericordia y tener compasión de muchos gobernantes espiritual-mente pobres y moralmente necesitados.

que sucediera fuera de su sinagoga; su trabajo se circunscribía a asuntos estrictamente litúrgicos dentro de las cuatro paredes del templo. Actuaban como vulgares asalariados. Al verlo allí botado, estorbando su paso, quizás pensaron: «Este no es asunto que me concierna» o «No me voy a contaminar con lo inmundo». Pero Jesús dice que tras ellos venía un samaritano, el cual viendo al herido «fue movido a misericordia; y acercándose, vendó sus heridas, echándoles aceite y vino; y poniéndole en su cabalgadura, lo llevó al mesón, y cuidó de él».

Este buen hombre no siguió de largo por el camino, sino que, acercándose, se compadeció de él. Le dedicó el tiempo, el esfuerzo y el dinero suficiente como para atenderlo con esmero. Con paciencia curó sus heridas que es exactamente lo que debemos hacer los creyentes con una sociedad quebrantada y adolorida. Debemos ser movidos a misericordia y tener compasión de muchos gobernantes espiritualmente pobres y moralmente necesitados. Nuestra actitud hacia ellos no debe ser de juicio ni de condenación, sino de comprensión y ayuda como la del buen samaritano. Es tiempo de dejar el edificio y el exceso de liturgia y programación templocéntrica y salir en pos de un mundo mal herido. No esperemos que el herido venga a nosotros, vayamos nosotros a él. Jesús le dijo al fariseo: «Ve y has tú lo mismo». El que sabe hacer lo bueno y no lo hace, le es pecado. No podemos ni debemos permanecer apáticos o acusadores ante el desprestigio de la clase gobernante, más bien estamos moralmente obligados a trabajar con ellos en la restaura-

> Su actitud frente a un pecador siempre fue de misericordia y de compasión; no así cuando estaba frente a los escribas y fariseos a quienes reprendió por su hipocresía.

ción ética de la burocracia y de la nación en general. Con unas palabras claras, directas y terribles, Dios nos hace la siguiente advertencia: «Cuando yo dijere al impío: De cierto morirás; y tú no le amonestares ni le hablares, para que el impío sea apercibido de su mal camino a fin de que viva, el impío morirá por su maldad, pero su sangre demandaré de tu mano» (Ezequiel 3.18).

NO SOMOS JUECES SINO PACIFICADORES

Es fácil caer en la categoría de jueces acusadores, como si estuviésemos de acuerdo con el juego de ciertos dirigentes del clero, que cual tarea orquestada, se lo pasan asediando a las instituciones con notas provocadoras y tendenciosas, culpando al gobierno de todos los males que padece el país e incluso a ciertos seguidores de la Teología de la Liberación subliminalmente los incitan al uso de las armas. Por supuesto que no estamos para aplaudir la injusticia social, ni para encubrir la corrupción, pero tampoco se nos ha investido de jurado popular, sino de ayudadores, los que anuncian la paz y el evangelio de la reconciliación tal como lo hizo el Señor cuando se encontraba frente a un publicano o a una ramera, no para destruirlos, sino para salvar y restaurar sus vidas.

Su actitud frente a un pecador siempre fue de misericordia y de compasión; no así cuando estaba frente a los escribas y fariseos a quienes reprendió por su hipocresía.

Estamos totalmente de acuerdo en el hecho de que el actual sistema de gobierno no ha respondido en todo lo que las necesidades de nuestra nación demandan, pero no

> Volviendo a la postura que debemos adoptar como creyentes ante la conducta de la clase gobernante, es menester que escuchemos el consejo de los antecedentes escriturales.

olvidemos que en los más de cuatrocientos años anteriores básicamente fueron instituciones directas e indirectamente ligadas al clero romano las que nos gobernaron.

¿A quiénes, pues, será más imputable la culpabilidad de la crisis moral que invade a la burocracia y parte de la sociedad mexicana y latinoamericana? ¿Comenzó el despotismo de la clase gobernante hace setenta años o hace más de quinientos? ¿Data la injusta distribución de la riqueza de este siglo o de hace quinientos años? ¿Qué organismos o entidades serán los directamente responsables de la preparación y formación ética, moral y cultural de la sociedad latinoamericana?

Las respuestas deben darse con justa reflexión.

Volviendo a la postura que debemos adoptar como creyentes ante la conducta de la clase gobernante, es menester que escuchemos el consejo de los antecedentes escriturales.

SÍNDROME DE JONÁS

Hemos sido testigos de actitudes de abierto rechazo de parte de algunos creyentes cuando de entender a un político se trata. Prácticamente se ha satanizado a todo aquel que está involucrado en este campo. Por lo general, hablar de política es hablar de censura, de juicio, de condenación y de todo tipo de corrupción. No obstante, el pensamiento de Dios es diferente. Nos hemos referido en anteriores capítulos a varios reyes del Antiguo Testamento a quienes Dios usó a pesar de sus errores, asimismo a los centuriones, publicanos y otros funcionarios del Nuevo Testamento quienes también fueron aceptos delante de Dios.

Ahora quiero referirme a un monarca cuya burocracia y sociedad estaba en peor decadencia moral que la de muchas naciones actuales. Me refiero al rey de Nínive y a su pueblo. Aquella gran ciudad, como la describe Jonás: «Grande en extremo, de tres días de camino» se había hecho acreedora al juicio terrible de Dios.

El libro de Jonás habla de una sociedad inmoral; de un rey y de una burocracia corrupta. Y de un profeta legalista, intransigente y falto de compasión.

La transgresión nacional, según lo confiesa el propio gobernante ninivita era «su mal camino» y la «rapiña que hay en sus manos». Pero no solo se refería a la clase gobernante (Jonás 3.7-8) sino a la sociedad en general. Quizá había robos entre unos y otros; el sastre, el carpintero, el herrero, el jornalero; quizá el comerciante, como suele suceder en no pocos casos ahora, robaba al gobierno no pagando sus tributos, robaba al consumidor alterando los precios y las balanzas, y robaba al trabajador no pagando justos salarios. Cada cual era robado cada día (véase Deuteronomio 28.29). «Perdona la rapiña que hay en sus manos» clamó el gobernante, intercediendo por toda la nación.

Actualmente, los delincuentes de cuello blanco están aumentando en forma alarmante en el continente americano. Banqueros y empresarios han sido descubiertos cometiendo grandes fraudes tanto al fisco como involucrándose con los carteles de la droga.

REACCIÓN DEL POLÍTICO Y DE LOS GOBERNADOS

Después de escuchar la advertencia destructora de Jonás, los ninivitas creyeron a Dios y procedieron a un genuino arrepentimiento. Humillado, el rey se despojó de su realeza y junto a la sociedad civil inició un ayuno total y en cilicio y ceniza «clamaron a Dios fuertemente», diciendo: «¿Quién sabe si volverá y se arrepentirá Dios, y se apartará del ardor de su ira, y no pereceremos?» (Jonás 3.5-9).

ACTITUD DE DIOS

Su actitud frente a un pecador siempre fue de misericordia y de compasión; no así cuando estaba frente a los escribas y fariseos a quienes reprendió por su hipocresía. «Y vio Dios lo que hicieron [los ninivitas], que se arrepintieron de su mal camino; y se arrepintió del mal que había dicho que les haría, y no lo hizo» (v. 10).

ACTITUD DE JONÁS

«Pero Jonás se apesadumbró en extremo, y se enojó. Y oró a Jehová y dijo: Ahora, oh Jehová, ¿no es esto lo que yo decía estando aún en mi tierra? Por eso me apresuré a huir a Tarsis; porque sabía yo que tú eres Dios clemente y piadoso, tardo en enojarte, y de grande misericordia, y que te arrepientes del mal. Ahora pues, oh Jehová, te ruego que me quites la vida; porque mejor me es la muerte que la vida. Y Jehová le dijo: ¿Haces tú bien en enojarte tanto?» (Jonás 4.1-4).

> ¡Oh Dios, acuérdate de Latinoamérica cuando vengas en tu reino!

Esta es la reacción de muchos cristianos, que lejos de compadecerse del hombre pecador y de tener fe en su posible salvación, les ofende y molesta que no se cumplan sus predicciones de juicio y destrucción para aquellas personas. ¡Claro que hay esperanza para los pecadores! ¡Por supuesto que hay un gran futuro para nuestras naciones! Pero esto dependerá mucho de nuestro interés por interceder ante Dios a favor de las autoridades y de nuestra vocación de servicio.

¡Oh Dios, acuérdate de Latinoamérica cuando vengas en tu reino!

9
SUGERENCIAS FINALES

Algunas sugerencias finales para favorecer la participación cívica del pueblo evangélico:

1. Que las instituciones de educación teológica incluyan en su plan de estudios materias inherentes a la participación política a la luz de la Biblia, así como enseñar a otros las bases de nuestros deberes cívicos.

2. Organizar simposios, reuniones y retiros sobre temas de interés cívico en la comunidad invitando a especialistas cristianos como conferenciantes.

3. Enseñar a amigos y asociados la importancia de ejercer el derecho al sufragio. El abstencionismo

es el reflejo de una cultura de indiferencia y apatía social.

4. Enseñar principios espirituales. Nunca se involucre en las luchas partidistas negativas o difamatorias. Los cristianos no creemos en la violencia, en la intriga ni en la provocación.

5. Motivar a la juventud cristiana a la capacitación académica y al servicio público. la Iglesia de Cristo necesita hoy sociólogos, economistas, demografistas, diplomáticos de carrera, analistas políticos, urbanistas, administradores, además de profesionales de otras disciplinas tanto o más importantes que las mencionadas.

6. Ayudar a planear y a celebrar el Día Nacional de Oración en su país con el propósito de interceder por la nación y los gobernantes. Hacer de esto una actividad abierta para que otras iglesias y grupos participen.

7. Que los dirigentes religiosos faciliten y motiven a sus laicos a una mayor participación social, especialmente de aquellos que tienen cierta experiencia o habilidad para desarrollarse en estas esferas.

La Iglesia Evangélica puede perfectamente tener representantes suyos en los poderes del Estado y contribuir así a recuperar el prestigio de la clase política, tan venida a menos por las razones señaladas a lo largo de este libro.

SUGERENCIAS PARA LA EVANGELIZACIÓN DE LOS POLÍTICOS

1. Generalmente, el político es alguien necesitado de apoyo popular, especialmente en estos tiempos donde la práctica electoral ha cobrado mayor veracidad democrática. En virtud de lo anterior debemos ejercer nuestra labor de «pescadores», presentándoles el Evangelio e invitándoles a charlar con grupos de profesionistas o dirigentes cristianos.

Ellos buscan votos; nosotros buscamos discípulos para Cristo.

2. En algún lugar apropiado, realizar con los políticos destacados de cada región del país, como gobernadores, diputados, senadores, presidentes municipales, concejales, funcionarios ministeriales un mínimo de tres o cuatro reuniones anuales a fin de cultivar con ellos y mantener una relación de amistad y respeto; y con sabiduría presentarles el Evangelio. Siendo una autoridad establecida no debe importarnos el trasfondo partidista.

3. Procurar una comunión continua con aquellos que padecen problemas personales, conyugales o enfermedad de algún familiar y ofrecerles ayuda espiritual.

4. En el lugar y tiempo que Dios le dé, compartir la fe en forma clara, relevante, y sin lenguaje ni términos religiosos. Los políticos tienen gran sensibilidad social, histórica y filosófica. Necesitan conocer el plan de Dios como lo enseña la Biblia, ya que algunos son supersticiosos

y consultan médiums, horóscopos y otros recursos no cristianos.

5. Enseñar las verdades fundamentales de la ética cristiana. El político siempre busca desarrollo y crecimiento en su actuación social, sabe que estancarse es morir.

6. Enfatizar la vida llena del Espíritu Santo y sus resultados. El político busca poder, soluciones y transformaciones sociales. El Espíritu Santo es poder de Dios para todo aquel que cree.

7. Organizar eventos donde se reconozca la actividad de un buen gobernante. Recuerde que el apóstol Pedro nos exige honrar a la autoridad (1 Pedro 2.17.) Además, deben aprovecharse las oportunidades de acercamiento para poder ministrarles de una manera más directa y amistosa. Uno, como creyente ganador de almas, debe provocar estas relaciones con los hombres que están en eminencia.

Vamos a abrir brecha, y a irrumpir en el escenario social y político como embajadores de la paz, como si Dios rogase por medio de nosotros a una reconciliación nacional.

La palabra profética que el Señor ha declarado a través de Isaías debe comenzar a cobrar vida en nosotros y en aquellos que quieran recibirla.

Isaías fue un dirigente espiritual que siempre estuvo al lado de los prominentes gobernantes de su época. Hijo de Amoz, procedía al parecer de una rica y respetada familia de Jerusalén puesto que no solamente se registra el nombre del padre, sino que disfrutaba también de una relación íntima con la familia real y con los más altos funcionarios del gobierno.

Por la impiedad e idolatría de su pueblo, Dios le ordenó que predicara con intrepidez e inflexibilidad un mensaje de advertencia y denuncia convocando a la nación a un sincero arrepentimiento y reforma. Fue odiado y obstaculizado por el idólatra rey Acaz, aunque favorecido y respetado por el rey Ezequías.

Así dice el Señor por medio del profeta Isaías: «Levántate, resplandece; porque ha venido tu luz, y la gloria de Jehová ha nacido sobre ti. Porque he aquí que tinieblas cubrirán la tierra, y oscuridad las naciones; mas sobre ti amanecerá Jehová, y sobre ti será vista su gloria. Y andarán las naciones a tu luz, y los reyes al resplandor de tu nacimiento. Y extranjeros edificarán tus muros, y sus reyes te servirán; porque en mi ira te castigué, mas en mi buena voluntad tendré de ti misericordia. Tus puertas estarán de continuo abiertas; no se cerrarán de día ni de noche, para que a ti sean traídas las riquezas de las naciones, y conducidos a ti sus reyes. Porque la nación o el reino que no te sirviere perecerá, y del todo será asolado. Y vosotros seréis llamados sacerdotes de Jehová, ministros de nuestro Dios seréis llamados, comeréis las riquezas de las naciones, y con su gloria seréis sublimes. Porque yo Jehová soy amante del derecho, aborrecedor del latrocinio para holocausto; por tanto afirmaré en verdad su obra, y haré

> Vamos a abrir brecha, y a irrumpir en el escenario social y político como embajadores de la paz, como si Dios rogase por medio de nosotros a una reconciliación nacional.

con ellos pacto perpetuo. Porque como la tierra hace brotas su renuevo, y como el huerto produce su semilla, así Jehová el Señor hará brotar su justicia y alabanza delante de todas las naciones. No temas porque yo estoy contigo; no desmayes, porque yo soy tu Dios que te esfuerzo; siempre te ayudaré, siempre te sustentaré con la diestra de mi justicia» (Isaías 60.1-3; 10-12; 61.6-8, 11; 41.10).

ACERCA DEL AUTOR

Fernando Ruiz de la Rosa es licenciado en Derecho de la Facultad de Jurisprudencia de San Luis Potosí, México. En los años setenta y ochenta ejerció funciones públicas siendo además asesor de varios gobernadores. Desde 1980 ha ministrado en el norte de México y en el sur de Texas. En esa región ha iniciado más de 15 congregaciones y varias instituciones educativas, incluyendo una escuela secundaria y una universidad en Tagle, Texas. Todas ellas son seculares y reconocidas por el Departamento de Educación Nacional. El hecho de que emplee a directores cristianos ha causado un gran impacto en la sociedad. Por más de ocho años ha reunido a más de cuatrocientos pastores y líderes laicos para producir dos cosas importantes: una visión para el país y un liderazgo que impacte al gobierno.

ESTIMADO LECTOR:

Quizás no esté totalmente de acuerdo con el contenido de este libro; no obstante, es posible que tenga aportaciones, sugerencias, comentarios o críticas. Le ruego me las haga llegar pues son muy importantes para mí. Por favor, dirija su correspondencia a la siguiente dirección:

Lic. Fernando Ruiz de la Rosa
Jacarandas No. 610
Frac. "Las Fuentes"
Piedras Negras, Coah.
C. P. 26020
Apdo. Postal #154

www.ingramcontent.com/pod-product-compliance
Ingram Content Group UK Ltd.
Pitfield, Milton Keynes, MK11 3LW, UK
UKHW020813120325
456141UK00001B/77